초등

어휘가 문해력이다

초등 1학년 1학기

교과서 어휘 완성

⬇ 정답과 해설은 EBS 초등사이트(primary.ebs.co.kr)에서 다운로드 받으실 수 있습니다.

교 재 내 용 문 의	교재 내용 문의는 EBS 초등사이트 (primary.ebs.co.kr)의 교재 Q&A 서비스를 활용하시기 바랍니다.	교 재 정 오 표 공 지	발행 이후 발견된 정오 사항을 EBS 초등사이트 정오표 코너에서 알려 드립니다. 교재 검색 ▶ 교재 선택 ▶ 정오표	교 재 정 정 신 청	공지된 정오 내용 외에 발견된 정오 사항이 있다면 EBS 초등사이트를 통해 알려 주세요. 교재 검색 ▶ 교재 선택 ▶ 교재 Q&A		

당신의 문해력

평생을 살아가는 힘,
문해력을 키워 주세요!

문해력을 가장 잘 아는 EBS가 만든 문해력 시리즈

예비 초등 ~ 중학

문해력을 이루는 핵심 분야별 / 학습 단계별 교재

▼

| 어휘 | 쓰기 | ERI 독해 | 배경지식 | 디지털독해 |

우리 아이의 **문해력 수준은?**

더욱 효과적인 문해력 학습을 위한
EBS 문해력 진단 테스트

https://primary.ebs.co.kr/course/literacy

간단하게 문해력 수준을 확인하고
권장 단계에 맞추어 체계적 학습을 시작하세요!

문해력 진단 테스트

테스트 결과에 따라 문해력 수준과 추천 단계 지수를 알려 드려요!

▼ 테스트를 진행하고자 하는 학년을 선택해 주세요.

| 초등 3학년 | 초등 4학년 | 초등 5학년 | 초등 6학년 | 중학 1학년 |

등급으로 확인하는
문해력 수준

문해력
등급 평가

초1 - 중1

NEW

EBS

내 문해력은 상위 몇 %일까?

문해력
등급 평가

등급으로 확인하는 진짜 문해력 수준

초등

어휘가
문해력
이다

초등 1학년 1학기

교과서 어휘 완성

교과서 내용을 이해하지 못하는 우리 아이?
평생을 살아가는 힘, '문해력'을 키워 주세요!

'어휘가 문해력이다'
어휘 학습으로 문해력 키우기

1 교과서 학습 진도에 따라
교과별(국어/학교·사람들·우리나라·탐험/수학)·학기별(1학기/2학기)로 어휘 학습이 가능합니다.

교과 학습을 위한 필수 개념어를 단원별로 선별하여 단원의 핵심 내용을 이해하도록 구성하였습니다.
교과 학습 전 예습 교재로, 교과 학습 후 복습 교재로 활용할 수 있도록 필수 개념어를 엄선하여 수록하였습니다.

2 교과 어휘를 학년별 2권, 한 학기별 4주 학습으로
단기간에 어휘 학습이 가능합니다.

한 학기에 250여 개의 낱말을 공부할 수 있습니다.
쉬운 뜻풀이와 교과서 내용을 담은 다양한 예문을 수록하여 학교 공부에 직접적으로 도움을 주고자 하였습니다.
해당 학기에 학습해야 할 중요 낱말을 모두 모아 한 번에 살펴볼 수 있고, 국어사전에서 낱말을 찾는 시간과 노력을 줄일 수 있습니다.

3 맞춤법, 표준 발음, 비슷한말, 반대말, 한자 어휘 학습까지 가능합니다.

글을 읽고 쓰는 데 도움이 되는 어법과 맞춤법으로 받아쓰기 능력을 강화할 수 있도록 구성하였습니다.
초등 급수 한자(7~8급) 어휘를 통해 한자 어휘 학습까지 놓치지 않도록 구성하였습니다.

4 확인 문제와 주간 어휘력 테스트를 통해 학습한 어휘를 점검할 수 있습니다.

뜻풀이와 예문을 통해 학습한 어휘를 교과 어휘별로 바로바로 점검할 수 있도록 다양한 유형의 확인 문제를 수록하였습니다.
한 주 동안 학습한 어휘를 종합적으로 점검할 수 있는 주간 어휘력 테스트를 수록하였습니다.

5 효율적인 교재 구성으로 자기 주도 학습 및 가정 학습이 가능합니다.

학습한 어휘를 해당 교재에서 쉽게 찾아볼 수 있도록 과목별로 '찾아보기' 코너를 구성하였습니다.
'정답과 해설'은 자세한 해설을 실어 스스로 공부할 수 있도록 하였습니다.

EBS 〈당신의 문해력〉 교재 시리즈는 약속합니다.

교과서를 잘 읽고 더 나아가 많은 책과 온갖 글을 읽는 능력을 갖출 수 있도록
문해력을 이루는 핵심 분야별, 학습 단계별 교재를 준비하였습니다.
한 권 5회×4주 학습으로 아이의 공부하는 힘,
평생을 살아가는 힘을 EBS와 함께 키울 수 있습니다.

어휘가 문해력이다

어휘 실력이 교과서를 읽고 이해할 수 있는지를 결정하는 척도입니다.
〈어휘가 문해력이다〉는 교과서 진도를 나가기 전에 꼭 예습해야 하는 교재입니다.
20일이면 한 학기 교과서 필수 어휘를 완성할 수 있습니다.
교과서 수록 필수 어휘들을 교과서 진도에 맞춰
날짜별, 과목별로 공부하세요.

쓰기가 문해력이다

쓰기는 자기 생각을 표현하는 미래 역량입니다.
서술형, 논술형 평가의 비중은 점점 커지고 있습니다.
객관식과 단답형만으로는 아이들의 생각과 미래를 살펴볼 수 없기 때문입니다.
막막한 쓰기 공부. 이제 단어와 문장부터 하나씩 써 보며 차근차근 학습하는
〈쓰기가 문해력이다〉와 함께 쓰기 지구력을 키워 보세요.

ERI 독해가 문해력이다

독해를 잘하려면 체계적이고 객관적인 단계별 공부가 필수입니다.
기계적으로 읽고 문제만 푸는 독해 학습은 체격만 키우고 체력은 미달인 아이를 만듭니다.
〈ERI 독해가 문해력이다〉는 특허받은 독해 지수 산출 프로그램을 적용하여 글의 난이도를
체계화하였습니다.
단어 · 문장 · 배경지식 수준에 따라 설계된 단계별 독해 학습을 시작하세요.

배경지식이 문해력이다

배경지식은 문해력의 중요한 뿌리입니다.
하루 두 장, 교과서의 핵심 개념을 글과 재미있는 삽화로 익히고 한눈에 정리할 수 있습니다.
시간이 부족하여 다양한 책을 읽지 못하더라도 교과서의 중요 지식만큼은 놓치지 않도록
〈배경지식이 문해력이다〉로 학습하세요.

디지털독해가 문해력이다

디지털독해력은 다양한 디지털 매체 속 정보를 읽어 내는 힘입니다.
아이들이 접하는 디지털 매체는 매일 수많은 정보를 만들어 내기 때문에
디지털 매체의 정보를 판단하는 문해력은 현대 사회의 필수 능력입니다.
〈디지털독해가 문해력이다〉로 교과서 내용을 중심으로 디지털 매체 속 정보를 확인하고
다양한 과제를 해결해 보세요.

이 책의 구성과 특징

1

교과서 어휘 국어/학교·사람들·우리나라·탐험/수학

교과목·단원별로 교과서 속 중요 어휘와 관련 어휘, 비슷한말, 반대말로 교과 어휘 강화!

한자 어휘

초등 급수 한자(7~8급)로 한자 어휘 강화!

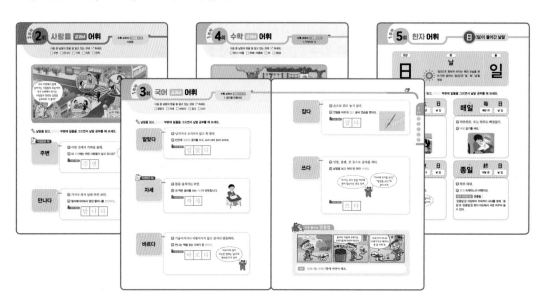

- 교과서 속 핵심 어휘를 엄선하여 뜻과 예문을 이해하기 쉽게 제시했어요.
- 어휘를 이해하는 데 도움이 되는 그림 및 사진 자료를 풍부하게 제시했어요.
- 자주 틀리는 맞춤법, 헷갈리는 우리말을 만화로 재미있게 구성하였어요.
- 한자 어휘를 폭넓게 이해할 수 있도록 같은 한자가 쓰인 낱말을 다양하게 제시했어요.

2

확인 문제

교과서(국어/학교·사람들·우리나라·
탐험/수학) 어휘, 한자 어휘 학습을
점검할 수 있는 다양한 유형의
확인 문제 수록!

3

어휘력 테스트

한 주 동안 학습한 교과서 어휘,
한자 어휘를 종합적으로
점검할 수 있는 어휘력 테스트 수록!

다양한 유형의
어휘 문제로
한 주 마무리!

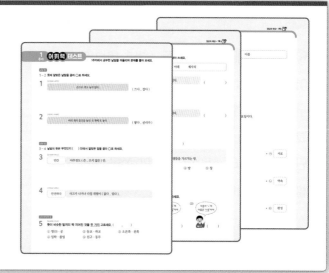

찾아보기

학습한 어휘를 찾아보기 쉽게 교과목별
ㄱ, ㄴ, ㄷ … 순서로 정리했어요.

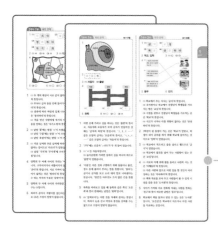

정답과 해설

정답에 자세한 해설을 실어 자기 주도 학습과 학습
지도를 수월히 할 수 있도록 했어요.

【부록】 · **학습 확인 붙임딱지** 회마다 학습을 끝내고 붙임딱지를 골라 붙여 보세요.

· **낱·말·모·음·판** 본교재에 수록된  어휘로 꾸민 낱말 모음판으로 어휘 학습을 마무리해 보세요.

초등 1학년 1학기
교과서 **연계 목록**

✏️ 『어휘가 문해력이다』 초등 1학년 1학기에 수록된 어휘는 초등학교 1학년 1학기 국어, 학교·사람들·우리나라·탐험, 수학 교과서에 실려 있습니다.

✏️ 교과서 연계 목록을 살펴보면 과목별 교과서의 단원명에 따라 학습할 교재의 쪽을 한눈에 파악할 수 있습니다.

교과서 진도 순서에 맞춰 교재에서 해당하는 학습 회를 찾아 효율적으로 공부해 보세요!

이 책의 차례

> **어휘가 문해력이다**
> **어휘 학습으로 문해력 키우기**

 안녕하세요. 저는 AI 학습도우미 초등 푸리봇입니다.
로그인 후에 푸리봇이 추천하는 학습 정보를 확인해 보세요.

인공지능 DANCHOQ
푸리봇 문|제|검|색

EBS 초등사이트와 EBS 초등 APP 하단의
AI 학습도우미 푸리봇을 통해 문항코드를
검색하면 푸리봇이 해당 문제의 해설 강의를
찾아 줍니다.

문제별 문항코드 확인 .... ➡ 243002-0001

[243002-0001]

1. 아래 그래프를 이해한 내용으로 가장 적절한 것은?

문항코드 검색

1주차 어휘 미리 보기

한 주 동안 공부할 어휘들이야. 쓱 한번 훑어볼까?

1회

국어 교과서 어휘

자음자	이름
출발	살펴보다
모음자	오른쪽
글자의 짜임	읽다
	빈칸

학습 계획일 ◯ 월 ◯ 일

2회

학교 교과서 어휘

학교	어깨동무
입학	친구
교실	도서관
급식	제자리
안전하다	약속하다

학습 계획일 ◯ 월 ◯ 일

3회

국어 교과서 어휘

완성하다	알맞다
만들다	자세
정확하다	바르다
서로	잡다
낱자	쓰다

학습 계획일 ◯ 월 ◯ 일

4회

수학 교과서 어휘

하나~아홉	모양
첫째~아홉째	같다
위	둥글다
영(0)	쌓다
	굴리다

학습 계획일 ◯ 월 ◯ 일

5회

한자 어휘

생일	교문
매일	등교
내일	교가
종일	교장

학습 계획일 ◯ 월 ◯ 일

어휘력 테스트

다음 중 낱말의 뜻을 잘 알고 있는 것에 ✔ 하세요.

☐ 자음자 ☐ 출발 ☐ 모음자 ☐ 글자의 짜임

✏ 낱말을 읽고, ⬜ 부분에 밑줄을 그으면서 낱말 공부를 해 보세요.

이것만은 꼭!

자음자

뜻 ㄱ, ㄴ, ㄷ, ㄹ, ㅁ, ㅂ, ㅅ, ㅇ, ㅈ, ㅊ, ㅋ, ㅌ, ㅍ, ㅎ과 같은 모양의 글자.

예 '나무' 글자에는 자음자가 두 개 들어 있어요.

관련 어휘 **자음자의 이름**

ㄱ	ㄴ	ㄷ	ㄹ	ㅁ	ㅂ	ㅅ
기역	니은	디귿	리을	미음	비읍	시옷

ㅇ	ㅈ	ㅊ	ㅋ	ㅌ	ㅍ	ㅎ
이응	지읒	치읓	키읔	티읕	피읖	히읗

자음자	이름
ㄱ	기역

자음자 이름에는 앞 글자와 뒤 글자에 그 자음자가 쓰여.

 따라 써요!

자	음	자

출발

뜻 어떤 곳에 가려고 길을 떠남.

예 자음자의 순서를 따라 길을 찾아 출발할까요?

뜻이 반대되는 말 **도착**

'도착'은 가려는 곳에 다다르는 것을 뜻해. '출발'과 '도착'은 뜻이 서로 반대되는 낱말이야.

 따라 써요!

출	발

모음자

뜻 ㅏ, ㅑ, ㅓ, ㅕ, ㅗ, ㅛ, ㅜ, ㅠ, ㅡ, ㅣ와 같은 모양의 글자.

예 **모음자** 모양 앞에 'ㅇ'을 붙여 읽어요.

관련 어휘 **모음자의 이름**

ㅏ	ㅑ	ㅓ	ㅕ	ㅗ	ㅛ	ㅜ	ㅠ	ㅡ	ㅣ
아	야	어	여	오	요	우	유	으	이

✏️ 따라 써요!

모	음	자

글자의 짜임

뜻 자음자와 모음자가 모여 글자가 만들어진 상태.

예 '무'의 **글자의 짜임**을 살펴보면 자음자 'ㅁ'과 모음자 'ㅜ'가 합쳐져서 글자가 만들어졌어요.

ㅁ	+	ㅜ	→	무
자음자		모음자		글자

✏️ 따라 써요!

글	자	의	짜	임

자주 틀리는 **맞춤법**

예문 내가 가장 좋아하는 간식은 **떡볶이**예요.

다음 중 낱말의 뜻을 잘 알고 있는 것에 ☑ 하세요.

☐ 이름 ☐ 살펴보다 ☐ 오른쪽 ☐ 읽다 ☐ 빈칸

✏️ 낱말을 읽고, ▨▨▨ 부분에 밑줄을 그으면서 낱말 공부를 해 보세요.

이름

🔵 다른 것과 구별하기 위해 동물이나 물건, 장소 등에 붙여서 부르는 말.

예 선생님께서 그림을 보여 주시면 우리는 그것의 이름을 말했어요.

✏️ 따라 써요!

이	름

살펴보다

🔵 어떤 것을 자세히 보다.

예 글자 아래쪽에 받쳐 쓴 자음자를 살펴보아요.

✏️ 따라 써요!

살	펴	보	다

오른쪽

🔵 사람이 북쪽을 바라보고 있을 때 동쪽과 같은 쪽.

예 '바나나'의 모음자는 모두 각 자음자의 오른쪽에 있어요.

뜻이 반대되는 말 **왼쪽**

사람이 북쪽을 바라보고 있을 때 서쪽과 같은 쪽을 '왼쪽'이라고 해. '오른쪽'과 '왼쪽'은 뜻이 서로 반대되는 낱말이야.

✏️ 따라 써요!

오	른	쪽

왼쪽 오른쪽

이것만은 꼭!

읽다

뜻 글이나 글자를 보고 소리 내어 말로 나타내다.

예 낱말을 소리 내어 읽어 보아요.

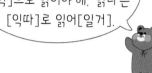

'읽다'에서 '읽'의 'ㄲ' 받침은
[ㄱ]으로 소리 나니까
[익]으로 읽어야 해. '읽다'는
[익따]로 읽어[일거].

따라 써요!

읽 다

빈칸

뜻 아무것도 쓰지 않은 칸.

예 빈칸에 알맞은 글자를 써넣고 소리 내어 읽어 보아요.

따라 써요!

빈 칸

자주 틀리는 맞춤법

바윗돌 깨뜨려
돌덩이~ ♬

돌덩이 깨뜨려
돌맹이~ ♪♪

너희들 설마 나를 '돌맹이'로
부른 건 아니지? 난 '돌멩이'야!

헉, 돌이 말을?

돌멩이, 너 때문에
애들 놀랐잖아!

도움말 손에 쥘 수 있을 만한 크기의 돌은 '돌멩이'라고 써야 해요.

✏️ 12～13쪽에서 공부한 낱말을 떠올리며 문제를 풀어 보세요.

1 [243002-0001]
뜻에 알맞은 낱말을 그림에서 찾아 짝 지어진 색으로 색칠하세요.

분홍색	– 어떤 곳에 가려고 길을 떠남.
하늘색	– 자음자와 모음자가 모여 글자가 만들어진 상태.
주황색	– ㅏ, ㅑ, ㅓ, ㅕ, ㅗ, ㅛ, ㅜ, ㅠ, ㅡ, ㅣ와 같은 모양의 글자.
노란색	– ㄱ, ㄴ, ㄷ, ㄹ, ㅁ, ㅂ, ㅅ, ㅇ, ㅈ, ㅊ, ㅋ, ㅌ, ㅍ, ㅎ과 같은 모양의 글자.

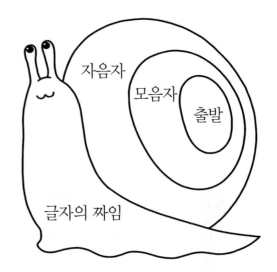

2 [243002-0002]
빈칸에 들어갈 알맞은 낱말을 쓰세요.

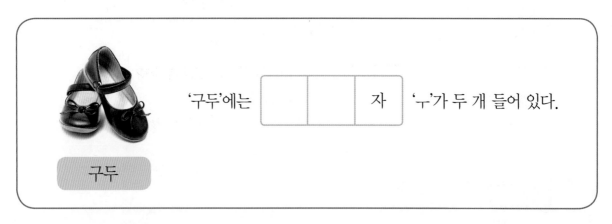

'구두'에는 ☐☐ 자 'ㅜ'가 두 개 들어 있다.

구두

3 [243002-0003]
문장에 어울리는 낱말을 (　) 안에서 골라 ○표 하세요.

(1)　'로봇'의 첫 (모음자 , 자음자)는 'ㄹ'이다.

(2)　집에서 9시에 (출발 , 도착)하면 놀이공원에 11시까지 갈 수 있다.

✏️ 14~15쪽에서 공부한 낱말을 떠올리며 문제를 풀어 보세요.

4 [243002-0004]

낱말의 뜻을 보기 에서 찾아 사다리를 타고 내려간 곳에 기호를 쓰세요.

보기

ⓒ 아무것도 쓰지 않은 칸.

ⓒ 글이나 글자를 보고 소리 내어 말로 나타내다.

ⓒ 다른 것과 구별하기 위해 동물이나 물건, 장소 등에 붙여서 부르는 말.

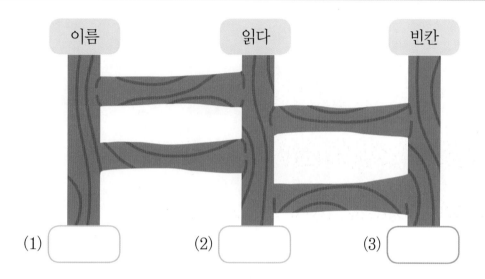

이름　　　읽다　　　빈칸

(1) 　　　　(2) 　　　　(3)

5 [243002-0005]

밑줄 친 낱말과 뜻이 반대되는 낱말을 골라 ○표 하세요.

'하마'에서 'ㅏ'는 모두 자음자의 <u>오른쪽</u>에 있다.

북쪽　　　왼쪽　　　바른쪽　　　아래쪽

6 [243002-0006]

밑줄 친 낱말의 쓰임이 알맞으면 ○표, 알맞지 <u>않으면</u> ✕표 하세요.

(1) 'ㄹ'의 <u>이름</u>은 '리을'이다. (　　　)

(2) 동화책을 큰 소리로 <u>읽다</u>. (　　　)

(3) 눈을 감고 바닷속 풍경을 <u>살펴보았다</u>. (　　　)

1회 끝!
붙임딱지

다음 중 낱말의 뜻을 잘 알고 있는 것에 ✔ 하세요.

☐ 학교 ☐ 입학 ☐ 교실 ☐ 급식 ☐ 안전하다

✏️ 낱말을 읽고, ⬜ 부분에 밑줄을 그으면서 낱말 공부를 해 보세요.

학교

뜻 시설을 갖추고 선생님이 학생들을 가르치는 곳.

예 엄마 손을 잡고 학교에 갔어요.

 따라 써요!

학	교

이것만은 꼭!

입학

뜻 학생이 되어 공부하기 위해 학교에 들어감.

예 초등학교 입학을 축하해요.

뜻이 반대되는 말 졸업

학생이 학교에서 정해진 과정을 모두 마치는 것을 '졸업'이라고 해. '입학'과 '졸업'은 뜻이 서로 반대되는 낱말이야.

 따라 써요!

입	학

교실

뜻 유치원이나 학교에서 선생님이 학생들을 가르치는 방.

예 **교실**에서는 뛰어다니지 않아요.

 따라 써요!

교	실

급식

뜻 학교에서 주는 식사.

예 **급식** 시간에 밥을 맛있게 먹었어요.

관련 어휘 **급식실**

학교에 가면 급식 시간이 있어. 급식 시간이 되면 친구들과 모여서 밥을 먹게 되는데, 학교에서 그 밥을 나누어 주는 곳을 '급식실'이라고 해.

 따라 써요!

급	식

안전하다

뜻 사고가 나거나 다칠 위험이 없다.

예 신호등이 초록불일 때 **안전하게** 건너요.

따라 써요!

안	전	하	다

다음 중 낱말의 뜻을 잘 알고 있는 것에 ✔ 하세요.

☐ 어깨동무 ☐ 친구 ☐ 도서관 ☐ 제자리 ☐ 약속하다

친구들이 학교 도서관에 갔네.
도서관에서 지켜야 할 규칙이나
약속들을 알아볼까?

✏️ 낱말을 읽고, ▨▨▨ 부분에 밑줄을 그으면서 낱말 공부를 해 보세요.

어깨동무

뜻 서로의 어깨 위에 팔을 올리고 나란히 서는 것.

예 친구와 어깨동무를 하고 걸어갔어요.

✏️ 따라 써요!

| 어 | 깨 | 동 | 무 |

친구

뜻 사이가 가까워 서로 친하게 지내는 사람.

예 친구에게 바른 말, 고운 말을 사용해요.

뜻이 비슷한 말 동무

늘 친하게 어울리는 사람을 '동무'라고 해. '친구'와 '동무'는 뜻이 비슷해서 서로 바꾸어 쓸 수 있어.

✏️ 따라 써요!

| 친 | 구 |

도서관

뜻 책과 자료를 모아 두고 사람들이 볼 수 있게 시설을 갖춘 곳.

예 학교 도서관에서 보고 싶은 책을 꺼내 읽었어요.

관련 어휘 | 학교에 있는 여러 교실

학교에는 여러 선생님들이 수업을 준비하거나 학교 일을 하는 곳인 '교무실', 학교에서 아프거나 다친 사람을 치료하는 곳인 '보건실', 학교 방송을 하는 곳인 '방송실', 컴퓨터를 이용하여 공부하는 곳인 '컴퓨터실', 과학 수업이나 실험을 할 수 있는 곳인 '과학실' 등이 있어.

따라 써요!

도	서	관

제자리

뜻 무엇이 본래 있던 자리.

예 읽은 책은 제자리에 꽂아 두세요.

따라 써요!

제	자	리

약속하다

뜻 다른 사람과 앞으로 어떤 일을 할 것인지 미리 정하다.

예 도서관에서는 떠들지 않기로 약속해요.

따라 써요!

약	속	하	다

✏️ 18~19쪽에서 공부한 낱말을 떠올리며 문제를 풀어 보세요.

1 [243002-0007]
뜻에 알맞은 낱말을 완성하세요.

(1)
학교에서 주는 식사.

급 [ ]

(2)
유치원이나 학교에서 선생님이 학생들을 가르치는 방.

[ ] 실

(3)
시설을 갖추고 선생님이 학생들을 가르치는 곳.

학 [ ]

(4)
사고가 나거나 다칠 위험이 없다.

안 [ ] 하 다

2 [243002-0008]
그림을 보고 문장에 알맞은 낱말을 ( ) 안에서 골라 ○표 하세요.

1학년이 되어 (학교 , 유치원)에 (졸업 , 입학)을 하는 동생을 축하해 주었어요.

3 [243002-0009]
빈칸에 들어갈 알맞은 낱말을 찾아 선으로 이으세요.

(1) 학교 [ ]을 먹으려고 한 줄로 섰다. •

• ㉠ 교실

(2) 학교 [ ]에 있는 사물함에 내 물건을 넣었다. •

• ㉡ 급식

20~21쪽에서 공부한 낱말을 떠올리며 문제를 풀어 보세요.

4 [243002-0010]
뜻에 알맞은 낱말을 찾아 선으로 이으세요.

(1) 서로의 어깨 위에 팔을 올리고 나란히 서는 것. •

• ㉠

▲ 약속하다

(2) 다른 사람과 앞으로 어떤 일을 할 것인지 미리 정하다. •

• ㉡

▲ 도서관

(3) 책과 자료를 모아 두고 사람들이 볼 수 있게 시설을 갖춘 곳. •

• ㉢

▲ 어깨동무

5 [243002-0011]
밑줄 친 낱말과 뜻이 비슷한 낱말을 골라 ○표 하세요.

내 친구 해율이는 축구를 좋아한다.

동생   동무   선생님

6 [243002-0012]
밑줄 친 낱말을 바르게 사용하지 못한 친구의 이름을 쓰세요.

준수: 가위를 사용하고 제자리에 갖다 놓았어.
재혁: 나는 우진이와 늘 어깨동무를 하며 붙어 다녀.
민지: 집에서 읽을 책을 빌리러 학교 보건실에 가는 중이야.

(   )

2회 끝!
붙임딱지

다음 중 낱말의 뜻을 잘 알고 있는 것에 ✓ 하세요.

☐ 완성하다 ☐ 만들다 ☐ 정확하다 ☐ 서로 ☐ 낱자

 낱말을 읽고, ▭ 부분에 밑줄을 그으면서 낱말 공부를 해 보세요.

완성하다

뜻 완전하게 일을 다 이루다.

예 글자표에서 글자를 찾아 낱말을 완성해요.

✏ 따라 써요!

완	성	하	다

ㅁ	ㅏ	→	모	자

만들다

뜻 힘이나 재료를 써서 어떤 것이 생기게 하다.

예 자음자 카드와 모음자 카드를 한 장씩 골라 글자를 만들었어요.

✏ 따라 써요!

만	들	다

정확하다

뜻 바르고 확실하다.

예 낱말을 정확하게 소리 내어 읽어 보아요.

✏ 따라 써요!

정	확	하	다

서로

뜻 짝을 이루는 상대와 함께.

예 나와 짝은 서로 카드를 맞대어 글자를 만들었어요.

 따라 써요!

서	로

 이것만은 꼭!

낱자

뜻 말소리를 이루는 하나하나의 글자.

예 주머니에서 낱자를 골라 그림에 알맞은 낱말을 만들어 보아요.

 따라 써요!

낱	자

'낱자'는 기본이 되는 글자를 말해.
한글의 낱자는 'ㄱ, ㄴ, ㄷ, ……' 같은 자음자와
'ㅏ, ㅑ, ㅓ, ……' 같은 모음자가 있어.
'산'은 'ㅅ', 'ㅏ', 'ㄴ' 세 개의 낱자로
이루어진 글자야.

 자주 틀리는 **맞춤법**

아빠, 설겆이하세요?

응. 그런데 '설거지'라고 해야 맞단다!

이것도 설거지 좀 부탁해요!

아, 알겠어요.

예문 저녁을 먹고 나서 아빠께서 설거지를 하셨어요.

다음 중 낱말의 뜻을 잘 알고 있는 것에 ☑ 하세요.

☐ 알맞다 ☐ 자세 ☐ 바르다 ☐ 잡다 ☐ 쓰다

 낱말을 읽고, [   ] 부분에 밑줄을 그으면서 낱말 공부를 해 보세요.

알맞다

뜻 넘치거나 모자라지 않고 꼭 맞다.

예 빈칸에 알맞은 글자를 쓰고, 소리 내어 읽어 보아요.

✏️ 따라 써요!

알	맞	다

 이것만은 꼭!

자세

뜻 몸을 움직이는 모양.

예 내 짝은 글씨를 쓰는 자세가 반듯합니다.

✏️ 따라 써요!

자	세

바르다

뜻 기울어지거나 비뚤어지지 않고 곧거나 반듯하다.

예 언니는 책을 읽는 자세가 참 바르다.

✏️ 따라 써요!

바	르	다

'바르다'와 뜻이 비슷한 말에는 '곧다'와 '똑바르다'가 있어.

잡다

뜻 손으로 쥐고 놓지 않다.

예 연필을 바르게 잡고 글씨 연습을 했어요.

✏️ 따라 써요!

| 잡 | 다 |

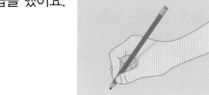

쓰다

뜻 연필, 볼펜, 붓 등으로 글자를 적다.

예 낱말을 보고 여러 번 따라 쓰세요.

'쓰다'는 모자 등을 머리에 얹어 덮는다는 뜻도 있어.

"머리에 모자를 쓰다.", "왕관을 쓰다."와 같이 쓰여.

✏️ 따라 써요!

| 쓰 | 다 |

자주 틀리는 맞춤법

뭉이야, 이렇게 쓰래기는 쓰래기통에 버려야 한단다.

쓰래기

'쓰래기'가 아니라 '쓰레기'라고 해야지! 똥 좀 치워 줘.

으~ 냄새!

예문 쓰레기는 쓰레기통에 버려야 해요.

✏️ 24~25쪽에서 공부한 낱말을 떠올리며 문제를 풀어 보세요.

1 [243002-0013]
뜻에 알맞은 낱말이 되도록 **보기** 에서 글자를 찾아 빈칸에 쓰세요.

보기

서　　　완　　　들　　　정

(1) 바르고 확실하다.

	확	하	다

(2) 짝을 이루는 상대와 함께.

	로

(3) 완전하게 일을 다 이루다.

	성	하	다

(4) 힘이나 재료를 써서 어떤 것이 생기게 하다.

만		다

2 [243002-0014]
낱자를 모두 골라 ○표 하세요.

ㄷ	자	ㅛ	사과

3 [243002-0015]
문장에 어울리는 낱말을 ( ) 안에서 골라 ○표 하세요.

(1) 우리가 (서로 , 따로) 힘을 합치면 무엇이든 할 수 있어.

(2) 'ㅅ' 자음자 카드와 'ㅏ' 모음자 카드로 '사'를 (그렸어 , 만들었어).

✏️ 26~27쪽에서 공부한 낱말을 떠올리며 문제를 풀어 보세요.

4 [243002-0016]

뜻에 알맞은 낱말을 글자판에서 찾아 묶으세요. (낱말은 가로(—), 세로(ㅣ) 방향에 숨어 있어요.)

바	위	잡	다
르	낱	친	구
다	자	세	쓰
용	서	읽	다

❶ 몸을 움직이는 모양.
❷ 손으로 쥐고 놓지 않다.
❸ 연필, 볼펜, 붓 등으로 글자를 적다.
❹ 기울어지거나 비뚤어지지 않고 곧거나 반듯하다.

5 [243002-0017]

그림을 보고 문장에 알맞은 낱말을 (　) 안에서 골라 ○표 하세요.

주호는 연필을 바르게 (잡고 , 잠그고) 글씨를 예쁘게 (말했다 , 썼다).

6 [243002-0018]

문장에 어울리는 낱말을 (　) 안에서 골라 ○표 하세요.

(1) 물의 온도가 목욕하기에 딱 (알맞다 , 멋있다).

(2) 민지는 선생님 말씀을 듣는 자세가 (부르다 , 바르다).

3회 끝!
붙임딱지

다음 중 낱말의 뜻을 잘 알고 있는 것에 ✅ 하세요.

☐ 하나~아홉 ☐ 첫째~아홉째 ☐ 위 ☐ 영(0)

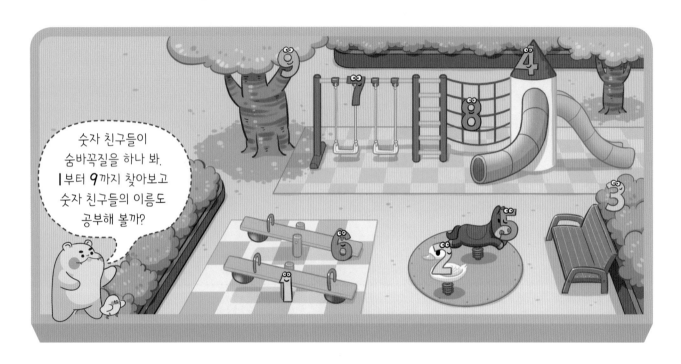

✏️ 낱말을 읽고, ▨ 부분에 밑줄을 그으면서 낱말 공부를 해 보세요.

이것만은 꼭!

하나, 둘, 셋, 넷, 다섯, 여섯, 일곱, 여덟, 아홉

1~9는 '일, 이, 삼, 사, 오, 육, 칠, 팔, 구' 라고도 읽어.

🔲 뜻

1	2	3	4	5	6	7	8	9
하나	둘	셋	넷	다섯	여섯	일곱	여덟	아홉
일	이	삼	사	오	육	칠	팔	구

예 술래는 하나, 둘, 셋, 넷, 다섯, 여섯, 일곱, 여덟, 아홉까지 수를 세고, 일, 이, 삼, 사, 오, 육, 칠, 팔, 구까지 또 세었어요.

✏️ 따라 써요!

하 나 둘 셋 넷
다 섯 여 섯 일 곱
여 덟 아 홉

첫째, 둘째, 셋째, 넷째, 다섯째, 여섯째, 일곱째, 여덟째, 아홉째

뜻 순서가 첫 번째, 두 번째, 세 번째, 네 번째, 다섯 번째, 여섯 번째, 일곱 번째, 여덟 번째, 아홉 번째인 차례.

예 먼저 줄을 선 순서대로 첫째, 둘째, 셋째, 넷째, 다섯째, 여섯째, 일곱째, 여덟째, 아홉째까지 기차를 탔어요.

따라 써요!

첫	째	둘	째	셋	째
넷	째	다	섯	째	
여	섯	째	일	곱	째
여	덟	째	아	홉	째

위

뜻 어떤 기준보다 더 높은 부분.

예 빨간색 책은 위에서 셋째에 있어요.

뜻이 반대되는 말 아래

어떤 기준보다 더 낮은 부분을 '아래'라고 해. '위'와 '아래'는 뜻이 서로 반대되는 낱말이야.

따라 써요!

위

영(0)

뜻 값이 없는 수.

예 아무것도 없는 것을 '0'이라 쓰고, '영'이라고 읽어요.

뜻이 비슷한 말 공

숫자 '영'을 '공'이라고도 해. '영'과 '공'은 뜻이 비슷해서 서로 바꾸어 쓸 수 있어.

따라 써요!

영

다음 중 낱말의 뜻을 잘 알고 있는 것에 ✔ 하세요.

☐ 모양 ☐ 같다 ☐ 둥글다 ☐ 쌓다 ☐ 굴리다

> 여러 가지 모양의 블록이 있네. 모양과 관련된 낱말을 공부하고, 블록을 쌓으며 함께 놀아 볼까?

✏️ 낱말을 읽고, ▭ 부분에 밑줄을 그으면서 낱말 공부를 해 보세요.

모양

뜻 겉으로 보이는 생김새나 모습.

예 블록으로 여러 가지 모양을 만들었어요.

뜻이 비슷한 말 모습

물건의 생김새를 '모습'이라고 해. '모양'과 '모습'은 뜻이 비슷해서 서로 바꾸어 쓸 수 있어.

 따라 써요!

모	양

이것만은 꼭!

같다

뜻 서로 다르지 않다.

예 교실에 있는 물건을 같은 모양끼리 모아 보았어요.

 따라 써요!

같	다

> ▯ 과 ▮ 은 모양이 같고, ▮ 과 ● 은 모양이 달라.

둥글다

뜻 생김새가 동그라미나 공과 같다.

예 야구공, 농구공, 축구공은 모두 모양이 둥글어요.

따라 써요!

둥	글	다

쌓다

뜻 여러 개의 물건을 놓인 것 위에 또 놓다.

예 상자 모양은 위로 잘 쌓을 수 있어요.

따라 써요!

쌓	다

굴리다

뜻 물건을 구르게 하다.

예 공을 아래로 굴려 보았더니 잘 굴러갔어요.

따라 써요!

굴	리	다

✏️ 30~31쪽에서 공부한 낱말을 떠올리며 문제를 풀어 보세요.

1 [243002-0019]
숫자에 알맞은 낱말을 찾아 선으로 이으세요.

(1)
0 •　• 넷
| •　• 셋
2 •　• 영
3 •　• 둘
4 •　• 하나

(2)
5 •　• 아홉
6 •　• 여덟
7 •　• 다섯
8 •　• 여섯
9 •　• 일곱

2 [243002-0020]
그림의 수를 세어 보고 알맞은 낱말을 보기에서 찾아 쓰세요.

보기
　　여덟　　다섯　　아홉　　일곱

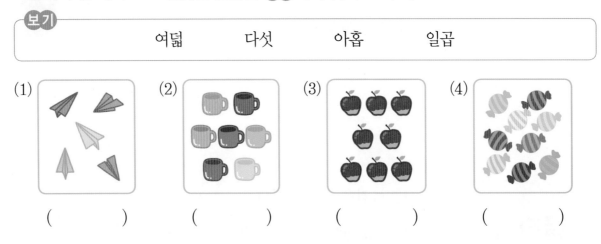

(1) (　　　　)　(2) (　　　　)　(3) (　　　　)　(4) (　　　　)

3 [243002-0021]
그림을 보고 (　　) 안에서 알맞은 낱말을 골라 ○표 하세요.

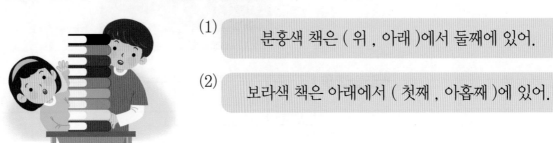

(1) 분홍색 책은 (위 , 아래)에서 둘째에 있어.

(2) 보라색 책은 아래에서 (첫째 , 아홉째)에 있어.

32~33쪽에서 공부한 낱말을 떠올리며 문제를 풀어 보세요.

4 [243002-0022]
뜻에 알맞은 낱말을 완성하세요.

(1)
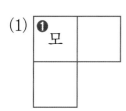

| 가로 ❶ | 겉으로 보이는 생김새나 모습. |
| 세로 ❶ | 물건의 생김새. 뜻이 비슷한 말로는 '모양'이 있음. |

(2)

| 가로 ❶ | 서로 다르지 않다. |
| 세로 ❷ | 여러 개의 물건을 놓인 것 위에 또 놓다. |

5 [243002-0023]
둥근 모양의 물건을 모두 골라 ○표 하세요.

(1)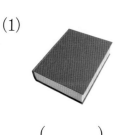
(   )

(2)
(   )

(3)
(   )

(4)
(   )

6 [243002-0024]
빈칸에 들어갈 알맞은 낱말을 찾아 선으로 이으세요.

(1) 책들을 위로 높이 ☐.   •

• ㉠ 굴렸다

(2) 공을 언덕 아래로 ☐.   •

• ㉡ 쌓았다

4회 끝!
붙임딱지

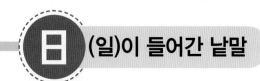 日 (일)이 들어간 낱말

모양	뜻	음
日	날	일

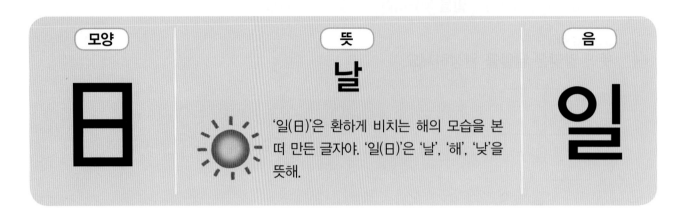

'일(日)'은 환하게 비치는 해의 모습을 본떠 만든 글자야. '일(日)'은 '날', '해', '낮'을 뜻해.

✏️ '日(일)'이 들어간 낱말을 읽고, ⬜ 부분에 밑줄을 그으면서 낱말 공부를 해 보세요.

생일

生	日
날 생	날 일

뜻 사람이 태어난 날.

예 채민아, 생일 축하해!

매일

每	日
매양 매	날 일

뜻 하루하루. 또는 하루도 빠짐없이.

예 매일 일기를 써요.

내일

來	日
올 내	날 일

뜻 오늘의 바로 다음 날.

예 입학식이 바로 내일이에요.

오늘은 3월 2일이고, 내일은 3월 3일이야.

종일

終	日
마칠 종	날 일

뜻 하루 내내.

예 종일 숙제하느라 바빴어요.

뜻이 비슷한 말 온종일

'온종일'은 아침부터 저녁까지 내내를 뜻해. '종일'과 '온종일'은 뜻이 비슷해서 서로 바꾸어 쓸 수 있어.

校 (교)가 들어간 낱말

모양	뜻	음
校	학교	교

'교(校)'는 나무로 만든 형틀에 죄인이 묶여 있는 모습을 합해 표현한 글자야. '교(校)'는 예전에는 죄인을 바로잡는 '기관'을 뜻했어. 지금은 학생들을 가르치는 '학교'를 뜻해.

✏️ '校(교)'가 들어간 낱말을 읽고, ▨▨ 부분에 밑줄을 그으면서 낱말 공부를 해 보세요.

교문　校 門
학교 교 / 문 문

뜻 학교의 문.

예 교문 앞에서 짝꿍을 만났어요.

등교　登 校
오를 등 / 학교 교

뜻 학생이 학교에 감.

예 등교 시간에 늦지 않아야 해요.

뜻이 반대되는 말　하교

'하교'는 수업을 마치고 학교에서 집으로 돌아오는 것을 뜻해. '등교'와 '하교'는 뜻이 서로 반대되는 낱말이야.

교가　校 歌
학교 교 / 노래 가

뜻 한 학교를 대표하는 노래.

예 음악 시간에 교가를 배웠어요.

관련 어휘　국가

'국가(國歌)'는 한 나라를 대표하는 노래를 말해. 우리나라의 국가는 '애국가'야.

교장　校 長
학교 교 / 어른 장

🔼 '長(장)'의 대표 뜻은 '길다'야.

뜻 학교 일을 책임지고 학교를 대표하는 사람.

예 교장 선생님을 만나 인사했어요.

✏️ 36쪽에서 공부한 낱말을 떠올리며 문제를 풀어 보세요.

1 [243002-0025]
줄을 따라가 보고, 낱말 뜻에 알맞은 낱말을 찾아 빈칸에 쓰세요.

2 [243002-0026]
문장에 어울리는 낱말을 ( ) 안에서 골라 ○표 하세요.

(1) (내일 , 매일)은 내 생일이다.

(2) (내일 , 종일) 비가 내려 집에만 있었다.

(3) (매일 , 종일) 아침 책을 읽기로 선생님과 약속했다.

✏️ 37쪽에서 공부한 낱말을 떠올리며 문제를 풀어 보세요.

3 [243002-0027]

뜻에 알맞은 낱말을 찾아 ○표 하면서 학교까지 가는 길을 선으로 이으세요.

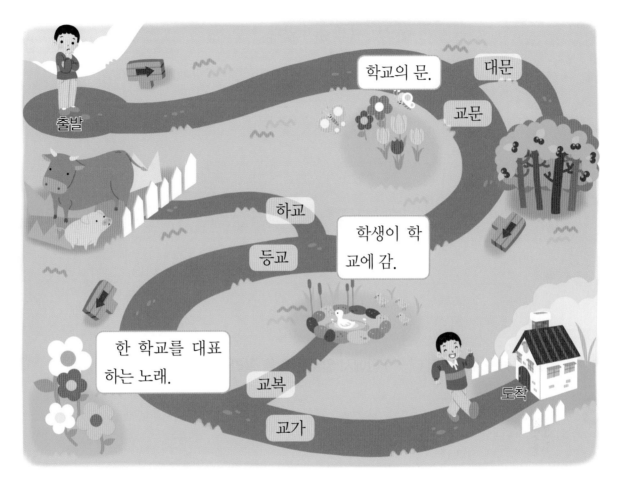

4 [243002-0028]

빈칸에 들어갈 알맞은 낱말을 보기에서 찾아 쓰세요.

> **보기**
>
> 교가   교장   등교

(1) 선생님의 피아노 반주에 맞추어 ☐☐ 를 불렀다.

(2) 우리 학교의 ☐☐ 선생님께서는 무척 친절하시다.

(3) 오늘은 감기 때문에 ☐☐ 를 하지 못하고 집에서 쉬었다.

1주차에서 공부한 낱말을 떠올리며 문제를 풀어 보세요.

낱말 뜻

1 ~ 2 뜻에 알맞은 낱말을 골라 ○표 하세요.

1 [243002-0029]

손으로 쥐고 놓지 않다.

(쓰다 , 잡다)

2 [243002-0030]

여러 개의 물건을 놓인 것 위에 또 놓다.

(쌓다 , 굴리다)

낱말 뜻

3 ~ 4 낱말의 뜻은 무엇인지 ( ) 안에서 알맞은 말을 골라 ○표 하세요.

3 [243002-0031]

빈칸   아무것도 (쓴 , 쓰지 않은) 칸.

4 [243002-0032]

안전하다   사고가 나거나 다칠 위험이 (없다 , 있다).

뜻이 비슷한 말

5 [243002-0033]
뜻이 비슷한 말끼리 짝 지어진 것을 <u>두 가지</u> 고르세요. (,   )

① 영(0) - 공   ② 등교 - 하교   ③ 오른쪽 - 왼쪽

④ 입학 - 졸업   ⑤ 친구 - 동무

뜻이 반대되는 말

6 ~ 7 밑줄 친 낱말과 뜻이 반대되는 말을 보기 에서 찾아 쓰세요.

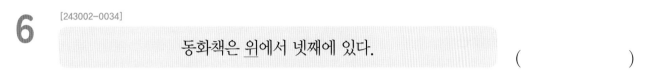

보기

옆 출발 아래 제자리

6 [243002-0034]

동화책은 <u>위</u>에서 넷째에 있다. ( )

7 [243002-0035]

기차가 역에 <u>도착</u>할 시간이다. ( )

공통으로 들어갈 말

8 [243002-0036]
빈칸에 공통으로 들어갈 말은 무엇인가요? ( )

- ☐문: 학교의 문.
- ☐실: 유치원이나 학교에서 선생님이 학생들을 가르치는 방.

① 학 ② 거 ③ 교 ④ 방 ⑤ 창

헷갈리기 쉬운 말

9 [243002-0037]
자음자 이름을 바르게 말한 친구에게 ○표 하세요.

(1) 자음자 'ㄱ'의 이름은 '<u>기윽</u>'이야. ( )

(2) 자음자 'ㄷ'의 이름은 '<u>디귿</u>'이야. ( )

(3) 자음자 'ㅅ'의 이름은 '<u>시옷</u>'이야. ( )

낱말 활용

10~12 빈칸에 들어갈 알맞은 낱말을 보기에서 찾아 쓰세요.

보기

내일   모양   이름

10 [243002-0038]
축구공과 야구공은 [　　　]이 같다.

11 [243002-0039]
우리 집 강아지 [　　　]은 '복실이'야.

12 [243002-0040]
오늘이 금요일이니까 [　　　]은 신나는 토요일이다.

낱말 활용

13~15 빈칸에 들어갈 알맞은 낱말을 찾아 선으로 이으세요.

13 [243002-0041]
열심히 그려서 드디어 그림을 [　　]했다.
• 　　• ㉠ 서로

14 [243002-0042]
친구를 괴롭히지 않겠다고 친구와 [　　]했다.
• 　　• ㉡ 약속

15 [243002-0043]
엄마와 아빠가 [　　] 도우며 집 안 청소를 하셨다.
• 　　• ㉢ 완성

2주차 어휘 미리 보기

한 주 동안 공부할 어휘들이야. 쓱 한번 훑어볼까?

1회

국어 교과서 어휘

받침	곧다
다르다	벌리다
넣다	어깨너비
자기소개	등받이
정리하다	가지런히

학습 계획일 ◯ 월 ◯ 일

2회

사람들 교과서 어휘

주변	고민
만나다	해결하다
가족	생각나다
이웃	정답다
친척	도와주다

학습 계획일 ◯ 월 ◯ 일

3회

국어 교과서 어휘

겪다	기분
좋아하다	차이
표현하다	이기다
어울리다	쌍기역
돌다리	움직이다

학습 계획일 ◯ 월 ◯ 일

4회

수학 교과서 어휘

모으기	빼기
가르기	남다
더하기	뺄셈식
마리	따다
덧셈식	더

학습 계획일 ◯ 월 ◯ 일

5회

한자 어휘

인사	안내
주인	실내
노인	내복
인심	내외

학습 계획일 ◯ 월 ◯ 일

어휘력 테스트

다음 중 낱말의 뜻을 잘 알고 있는 것에 ✓ 하세요.

☐ 받침 ☐ 다르다 ☐ 넣다 ☐ 자기소개 ☐ 정리하다

✏️ 낱말을 읽고, ▨▨▨ 부분에 밑줄을 그으면서 낱말 공부를 해 보세요.

이것만은 꼭!

받침

뜻 글자를 쓸 때 글자 아래쪽에 받쳐 쓰는 자음자.

예 '강'의 'ㅇ'과 같이 글자 아래쪽에 있는 자음자를 받침이라고 해요.

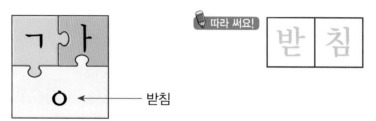

ㄱ ㅏ
ㅇ ← 받침

따라 써요! 받 침

다르다

뜻 두 개의 대상이 서로 같지 않다.

예 '차'와 '창'은 글자의 짜임이 다르다.

뜻이 반대되는 말 **같다**

'같다'는 서로 다르지 않다는 뜻이야. '다르다'와 '같다'는 뜻이 서로 반대되는 낱말이야.

따라 써요! 다 르 다

넣다

뜻 무늬나 글자 등을 안에 들어가게 하다.

예 자음자를 넣어 받침이 있는 글자를 만들어요.

따라 써요! 넣 다

파   팔

자기소개

뜻 처음 만난 사람에게 자기의 이름, 나이, 취미 등을 말하는 것.

예 친구들 앞에서 바른 자세로 자기소개를 해 볼까요?

✏️ 따라 써요!

자	기	소	개

정리하다

뜻 종류에 따라 짜임새가 있게 나누거나 모으다.

예 자기소개할 때 말할 내용을 정리했어요.

'정리하다'는 흩어진 것을 한데 모으거나 제자리에 두어 질서 있게 만든다는 뜻도 있어.

"방을 정리하다.", "이삿짐을 정리하다."와 같이 쓰여.

✏️ 따라 써요!

정	리	하	다

자주 틀리는 맞춤법

꼭꼭 숨어라, 머리카락 보일라!

다 어디 갔지?

숨박꼭질을 하고 있어.

여우, 다람쥐 찾았다!

'숨박꼭질'이 아니라 '숨바꼭질'!

예문 숲속 마을 동물들은 숨바꼭질을 하며 놀았어요.

다음 중 낱말의 뜻을 잘 알고 있는 것에 ✔ 하세요.

☐ 곧다 ☐ 벌리다 ☐ 어깨너비 ☐ 등받이 ☐ 가지런히

✏️ 낱말을 읽고,　　 부분에 밑줄을 그으면서 낱말 공부를 해 보세요.

곧다

뜻 구부러지거나 비뚤어지지 않고 똑바르다.

예 허리를 곧게 세우고 자기소개를 했어요.

🖊️ 따라 써요!

| 곧 | 다 |

'곧다'라는 말은 길이나 선이 똑바른 것을 나타낼 때에도 사용해.

벌리다

뜻 서로 가까이 있는 둘 사이를 떼어서 넓히다.

예 양팔을 옆으로 벌리고 섰어요.

🖊️ 따라 써요!

| 벌 | 리 | 다 |

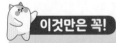 **이것만은 꼭!**

어깨너비

뜻 양쪽의 두 어깨 사이의 거리.

예 다리를 어깨너비만큼 자연스럽게 벌리고 발표를 했어요.

🖊️ 따라 써요!

| 어 | 깨 | 너 | 비 |

등받이

뜻 의자에 앉을 때 등을 기댈 수 있는 의자의 부분.

예 허리를 의자의 등받이에 붙이고 앉아요.

▲ 등받이가 있는 의자

▲ 등받이가 없는 의자

따라 써요!

등	받	이

가지런히

뜻 크기나 모양이 큰 차이가 없이 고르고 나란히.

예 친구들이 모두 다리를 가지런히 모으고 앉았어요.

뜻이 비슷한 말 나란히

'나란히'는 여럿이 늘어선 모양이 가지런한 상태를 나타내는 말이야. '가지런히'와 '나란히'는 뜻이 비슷해서 서로 바꾸어 쓸 수 있어.

따라 써요!

가	지	런	히

자주 틀리는 맞춤법

곧 비가 올 것 같아. 집에 가야겠다.

햇님이 어디 갔나 봐.

얘들아, 나 '햇님' 아니고 '해님'이거든!

야호! 우리 더 놀자!

예문 해님이 구름을 뚫고 나와 햇빛을 밝게 비추어 주었어요.

✏️ 44~45쪽에서 공부한 낱말을 떠올리며 문제를 풀어 보세요.

1 [243002-0044]

뜻에 알맞은 낱말이 되도록 **보기**에서 글자를 찾아 빈칸에 쓰세요.

> **보기**
>
> 넣   소   다   리

(1) 두 개의 대상이 서로 같지 않다.

□ 르 다

(2) 무늬나 글자 등을 안에 들어가게 하다.

□ 다

(3) 종류에 따라 짜임새가 있게 나누거나 모으다.

정 □ 하 다

(4) 처음 만난 사람에게 자기의 이름, 나이, 취미 등을 말하는 것.

자 기 □ 개

2 [243002-0045]

낱말에 어떤 받침이 쓰였는지 찾아 (   ) 안에 쓰세요.

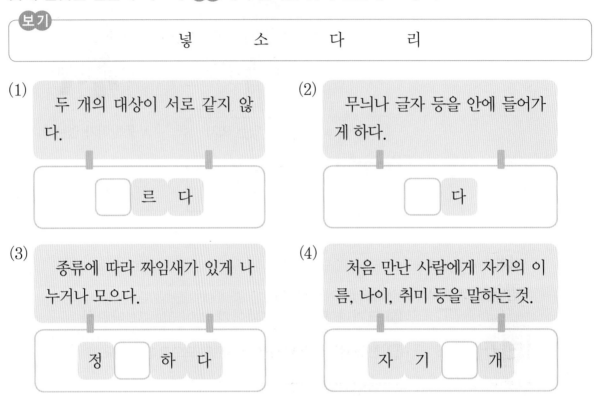

(1) 꽃 → (   )

(2) 구름 → (   )

(3) 호랑이 → (   )

3 [243002-0046]

문장에 어울리는 낱말을 (   ) 안에서 골라 ○표 하세요.

(1) 덥고 추운 날씨에 따라 입는 옷이 (같다 , 다르다).

(2) 낱말 '기차', '무지개'에는 (모음 , 자음 , 받침)이 쓰이지 않았어요.

✏ 46~47쪽에서 공부한 낱말을 떠올리며 문제를 풀어 보세요.

[243002-0047]

4 뜻에 알맞은 낱말을 그림에서 찾아 짝 지어진 색으로 색칠하세요.

연두색	– 양쪽의 두 어깨 사이의 거리.
하늘색	– 구부러지거나 비뚤어지지 않고 똑바르다.
분홍색	– 서로 가까이 있는 둘 사이를 떼어서 넓히다.
노란색	– 의자에 앉을 때 등을 기댈 수 있는 의자의 부분.

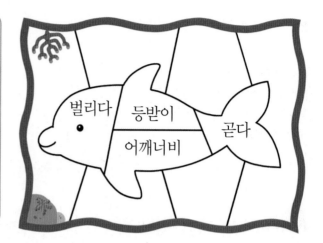

[243002-0048]

5 다음 중 어깨너비만큼 다리를 벌린 친구에게 ○표 하세요.

(1)

(　　　)

(2)

(　　　)

(3)

(　　　)

[243002-0049]

6 밑줄 친 낱말의 쓰임이 알맞으면 ○표, 알맞지 않으면 ✕표 하세요.

(1) 의자 등받이에 기대어 잠이 들었다. (　　　)

(2) 책꽂이에 책을 가지런히 꽂으니 보기가 좋다. (　　　)

(3) 할머니께서는 허리가 곧아서 지팡이를 짚고 다니신다. (　　　)

1회 끝!
붙임딱지

다음 중 낱말의 뜻을 잘 알고 있는 것에 ✓ 하세요.

☐ 주변 ☐ 만나다 ☐ 가족 ☐ 이웃 ☐ 친척

우리 주변에서 함께 살아가는 사람들의 모습이야. 내가 주변에서 만나는 사람들과 관련된 낱말을 공부하러 가 볼까?

✏️ 낱말을 읽고,   부분에 밑줄을 그으면서 낱말 공부를 해 보세요.

 이것만은 꼭!

주변

뜻 어떤 것에서 가까운 둘레.

예 내 주변에는 어떤 사람들이 살고 있나요?

🖍️ 따라 써요!

주	변

'주변'과 뜻이 비슷한 말에는 '주위'가 있어.

만나다

뜻 가거나 와서 남과 마주 보다.

예 엘리베이터에서 옆집 할머니를 만났어요.

🖍️ 따라 써요!

만	나	다

가족

뜻 주로 한집에 모여 살고 결혼한 부부나 부모, 자식, 형제 등의 관계로 이루어진 사람들.

예 우리 가족은 아빠, 엄마, 누나, 나예요.

뜻이 비슷한 말 식구

'식구'는 한집에서 함께 사는 사람을 뜻해. '가족'과 '식구'는 뜻이 비슷해서 서로 바꾸어 쓸 수 있어.

따라 써요!

가	족

2 주차 1회 2회 3회 4회 5회

이웃

뜻 가까이 있는 집. 또는 그 집에 사는 사람.

예 이웃끼리는 서로 도와 가며 살아요.

따라 써요!

이	웃

친척

뜻 아빠, 엄마와 핏줄이 같은 가까운 사람들. 또는 결혼으로 맺어진 가까운 관계에 있는 사람들.

예 친척을 부르는 말을 배웠어요.

관련 어휘 친척을 부르는 말

부모님의 아버지는 '할아버지, 부모님의 어머니는 '할머니'라고 불러. 아빠의 누나나 여동생은 '고모', 엄마의 언니나 여동생은 '이모'라고 불러. 그리고 아빠의 형이나 남동생, 엄마의 오빠나 남동생은 '삼촌'이라고 불러.

따라 써요!

친	척

다음 중 낱말의 뜻을 잘 알고 있는 것에 ✔ 하세요.

☐ 고민 ☐ 해결하다 ☐ 생각나다 ☐ 정답다 ☐ 도와주다

✏️ 낱말을 읽고, ▢ 부분에 밑줄을 그으면서 낱말 공부를 해 보세요.

고민

뜻 무슨 일 때문에 마음속으로 괴로워하는 것.

예 친구에게 어떻게 사과를 해야 할지 고민이에요.

✏️ 따라 써요!

고	민

해결하다

뜻 어려운 일이나 문제를 잘 처리하다.

예 사람들은 고민을 해결하며 살아가요.

✏️ 따라 써요!

해	결	하	다

생각나다

뜻 어떤 사람이나 기억이 떠오르다.

예 고민이 생기면 엄마가 생각나요.

따라 써요!

| 생 | 각 | 나 | 다 |

'생각나다'와 뜻이 비슷한 말에는 '떠오르다'와 '기억나다'가 있어.

이것만은 꼭!

정답다

뜻 따뜻한 정이 있다.

예 이웃끼리 싸우지 말고 정답게 지냈으면 좋겠어요.

따라 써요!

| 정 | 답 | 다 |

'정답다'와 뜻이 비슷한 말에는 '다정하다'와 '사이좋다'가 있어.

도와주다

뜻 남한테 도움을 주다.

예 누나가 숙제를 도와주어서 쉽게 할 수 있었어요.

따라 써요!

| 도 | 와 | 주 | 다 |

✏️ 50～51쪽에서 공부한 낱말을 떠올리며 문제를 풀어 보세요.

1 [243002-0050]
빈칸에 들어갈 알맞은 낱말이 되도록 글자를 모두 골라 ○표 하세요.

(1)
가까이 있는 집. 또는 그 집에 사는 사람을 ☐☐이라고 한다.

| 외 | 국 | 이 | 웃 |

(2)
아빠, 엄마와 핏줄이 같은 가까운 사람들. 또는 결혼으로 맺어진 가까운 관계에 있는 사람들을 ☐☐이라고 한다.

| 친 | 척 | 짝 | 꿍 |

(3)
주로 한집에 모여 살고 결혼한 부부나 부모, 자식, 형제 등의 관계로 이루어진 사람들을 ☐☐이라고 한다.

| 동 | 가 | 족 | 무 |

2 [243002-0051]
밑줄 친 낱말과 뜻이 비슷한 낱말을 보기에서 찾아 쓰세요.

보기
안   친척   주위   식구

(1) 병원 주변에는 약국이 많아요. ☐

(2) 온 가족이 식탁에 앉아 밥을 먹었어요. ☐

3 [243002-0052]
밑줄 친 낱말을 알맞게 사용한 친구에게 ○표 하세요.

(1)
놀이터에서 친구를 만나니 더 반가워.
( )

(2)
우리 이웃은 엄마, 아빠, 나, 이렇게 세 명이야.
( )

52~53쪽에서 공부한 낱말을 떠올리며 문제를 풀어 보세요.

4 [243002-0053]

낱말의 뜻이 무엇인지 ( ) 안에서 알맞은 말을 골라 ○표 하세요.

(1) | 정답다 | 따뜻한 (옷 , 정)이 있다.

(2) | 해결하다 | 어려운 일이나 문제를 (잘 , 잘못) 처리하다.

(3) | 생각나다 | 어떤 사람이나 기억이 (떠오르다 , 없어지다).

(4) | 고민 | 무슨 일 때문에 마음속으로 (행복해하는 , 괴로워하는) 것.

5 [243002-0054]

'도와주다'의 뜻에 어울리는 행동을 한 친구의 이름을 쓰세요.

( )

6 [243002-0055]

문장에 어울리는 낱말을 ( ) 안에서 골라 ○표 하세요.

(1) 마을에서 (미운 , 정다운) 이웃을 만나 기쁘다.

(2) 동생이 내 말을 잘 안 듣는 것이 (고민 , 행복)이다.

다음 중 낱말의 뜻을 잘 알고 있는 것에 ☑ 하세요.

☐ 겪다 ☐ 좋아하다 ☐ 표현하다 ☐ 어울리다 ☐ 돌다리

✏️ 낱말을 읽고,   부분에 밑줄을 그으면서 낱말 공부를 해 보세요.

이것만은 꼭!

겪다

🔊 '겪다'는 [격따]라고 읽어.

뜻 어떤 일을 당하거나 치르다.

예 그림을 보고 토순이가 오늘 겪은 일을 살펴보아요.

✏️ 따라 써요!

겪	다

오늘 겪은 일이 뭐야?

엄마와 받아쓰기를 했어.

좋아하다

뜻 어떤 것을 좋게 여기거나 마음에 들어 하다.

예 우리 엄마는 과일 중에서 포도를 좋아해요.

뜻이 반대되는 말 싫어하다

'싫어하다'는 어떤 것을 마음에 들어 하지 않거나 원하지 않는다는 뜻이야. '좋아하다'와 '싫어하다'는 뜻이 서로 반대되는 낱말이야.

✏️ 따라 써요!

좋	아	하	다

표현하다

뜻 느낌이나 생각을 말, 글, 몸짓 등으로 나타내다.

예 받침이 있는 글자를 정확히 써야 무엇을 표현하는지 알아요.

✏️ 따라 써요!

표	현	하	다

어울리다

뜻 다른 것과 잘 맞아 보기가 좋다.

예 그림에 어울리는 낱말을 만들어 보아요.

✏️ 따라 써요!

| 어 | 울 | 리 | 다 |

돌다리

뜻 돌로 만든 다리.

예 강을 건너갈 수 있게 돌다리를 놓았어요.

✏️ 따라 써요!

| 돌 | 다 | 리 |

'돌다리'는 흙이나 모래
등이 굳어서 생긴 단단한 덩어리를
뜻하는 '돌'과 강, 바다, 길, 골짜기 등을
건너갈 수 있도록 양쪽을 이어서 만들어
놓은 시설을 뜻하는 '다리'가 합해진 말이야.
이런 말에는 '손수건(손+수건)',
'책가방(책+가방)' 등이 있어.

자주 틀리는 맞춤법

난 급식 시간이 제일 좋아!

나도! 얼른 먹자.
내 숫가락 어딨지?
숫가락

'숫가락'이 아니라 '숟가락'!
그리고 네 숟가락 네가 들고 있거든.
후유~!

예문 숟가락과 젓가락으로 급식을 냠냠 맛있게 먹었어요.

다음 중 낱말의 뜻을 잘 알고 있는 것에 ☑ 하세요.

☐ 기분　☐ 차이　☐ 이기다　☐ 쌍기역　☐ 움직이다

✏️ 낱말을 읽고, ▨▨▨ 부분에 밑줄을 그으면서 낱말 공부를 해 보세요.

기분

뜻 기쁨, 슬픔처럼 마음속에 생기는 여러 가지 느낌.

예 친구가 도움을 주었을 때 기분이 어땠나요?

✏️ 따라 써요!

| 기 | 분 |

차이

뜻 서로 같지 않고 다름.

예 '방'과 '빵'을 읽을 때 나는 소리의 차이를 알아보아요.

✏️ 따라 써요!

| 차 | 이 |

이기다

뜻 싸움, 내기, 경기 등에서 상대를 꺾다.

예 먼저 도착한 사람이 이기는 놀이예요.

뜻이 반대되는 말 **지다**

'지다'는 싸움, 내기, 경기 등에서 상대한테 눌리거나 꺾인다는 뜻이야.
'이기다'와 '지다'는 뜻이 서로 반대되는 낱말이야.

✏️ 따라 써요!

| 이 | 기 | 다 |

 이것만은 꼭!

쌍기역

뜻 자음자 'ㄲ'의 이름.

예 낱말 '까치'에는 쌍기역이 들어 있어요.

✏️ 따라 써요!

| 쌍 | 기 | 역 |

관련 어휘	자음자의 이름
ㄲ	쌍기역
ㄸ	쌍디귿
ㅃ	쌍비읍
ㅆ	쌍시옷
ㅉ	쌍지읒

움직이다

뜻 가만히 있지 않고 자세나 위치를 바꾸다.

예 자신이 좋아하는 동물이 움직이는 모습을 그려 보아요.

관련 어휘 움직임을 나타내는 낱말

가슴과 배를 아래로 향하거나 바닥에 대고 움직여서 나아간다는 뜻을 지닌 '기다', 새나 곤충, 비행기 등이 공중에 뜬 상태로 다른 위치로 움직인다는 뜻을 지닌 '날다', 몸을 위로 솟게 한다는 뜻을 지닌 '뛰다'는 움직임을 나타내는 낱말이야.

✏️ 따라 써요!

| 움 | 직 | 이 | 다 |

자주 틀리는 맞춤법

현솔아, 어디 아프니?
방구를 참느라······

'방구'가 아니라 '방귀'라고 해야지. 괜찮으니까 방귀 그냥 뀌어.

우리 창문 좀 열까?
뿌웅!

예문 현솔이가 방귀를 뀌자 구린내가 교실에 쫙 퍼졌어요.

✏️ 56~57쪽에서 공부한 낱말을 떠올리며 문제를 풀어 보세요.

1 [243002-0056]
낱말의 뜻이 무엇인지 (   ) 안에서 알맞은 말을 골라 ○표 하세요.

(1) 겪다 — 어떤 일을 (숨기거나 , 당하거나) 치르다.

(2) 어울리다 — 다른 것과 잘 (맞아 , 맞지 않아) 보기가 좋다.

(3) 표현하다 — 느낌이나 생각을 말, 글, 몸짓 등으로 (지우다 , 나타내다).

2 [243002-0057]
보기와 같이 두 낱말이 합해져서 만들어진 낱말이 <u>아닌</u> 것에 ✕표 하세요.

보기
> 돌다리 = 돌 + 다리

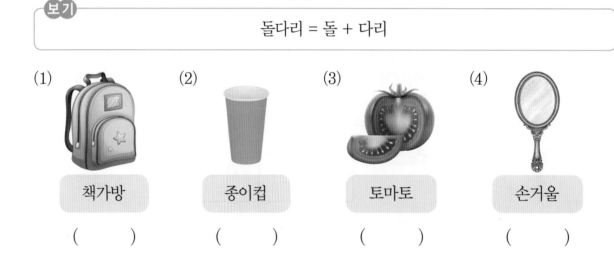

(1) 책가방 (   )

(2) 종이컵 (   )

(3) 토마토 (   )

(4) 손거울 (   )

3 [243002-0058]
밑줄 친 낱말을 알맞게 사용한 친구에게 ○표 하세요.

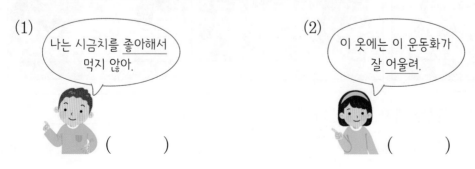

(1) 나는 시금치를 좋아해서 <u>먹지 않아</u>. (   )

(2) 이 옷에는 이 운동화가 잘 <u>어울려</u>. (   )

✏️ 58~59쪽에서 공부한 낱말을 떠올리며 문제를 풀어 보세요.

4 [243002-0059]

뜻에 알맞은 낱말을 **보기**에서 찾아 사다리를 타고 내려간 곳에 쓰세요.

> **보기**
>
> 차이   기분   지다   이기다

| 기쁨, 슬픔처럼 마음속에 생기는 여러 가지 느낌. | 서로 같지 않고 다름. | 싸움, 내기, 경기 등에서 상대를 꺾다. |

(1) ____   (2) ____   (3) ____

5 [243002-0060]

다음 퀴즈의 정답을 빈칸에 쓰세요.

> **[퀴즈]** '까치'에서 자음자 'ㄲ'의 이름은 무엇일까요?

6 [243002-0061]

문장에 어울리는 낱말을 (   ) 안에서 골라 ○표 하세요.

(1) 우리나라 팀이 다른 나라 팀을 (지고 , 이기고) 우승을 했다.

(2) 지렁이가 꿈틀꿈틀 (자면서 , 움직이면서) 땅속으로 들어갔다.

3회 끝!
붙임딱지

다음 중 낱말의 뜻을 잘 알고 있는 것에 ✓ 하세요.

☐ 모으기 ☐ 가르기 ☐ 더하기 ☐ 마리 ☐ 덧셈식

나뭇가지에 참새 두 마리가 앉아 있는데 다섯 마리가 더 날아오면 참새가 모두 몇 마리일까? 더하기를 공부할 때 많이 나오는 낱말을 공부해 보고, 더하기를 해 보자.

✏️ 낱말을 읽고, ▨ 부분에 밑줄을 그으면서 낱말 공부를 해 보세요.

모으기

뜻 따로 있는 것을 한데 합치는 것.

예 2와 4를 모으기를 하면 6이 돼요.

✍️ 따라 써요!

| 모 | 으 | 기 |

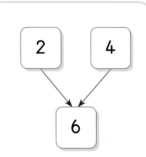

가르기

뜻 물건을 쪼개거나 나누는 것.

예 8을 3과 5로 가르기를 했어요.

✍️ 따라 써요!

| 가 | 르 | 기 |

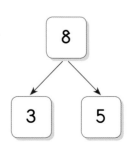

이것만은 꼭!

더하기

뜻 어떤 수에 다른 수를 더하는 것으로 +로 나타냄.

예 '3 + 1 = 4'라고 쓰고 "3 더하기 1은 4와 같다."라고 읽어요.

뜻이 비슷한 말 합

여러 수를 더하는 것이나 여러 수를 더한 수를 '합'이라고 해. '3 + 1 = 4'는 "3과 1의 합은 4이다."라고 읽을 수도 있어.

따라 써요!

마리

뜻 물고기, 짐승, 벌레 등을 세는 말.

예 강아지가 다섯 마리 있어요.

관련 어휘 명

'명'은 사람을 세는 말이야. "친구 두 명과 수영장에 갔어요."와 같이 쓸 수 있어.

따라 써요!

마 리

덧셈식

뜻 어떤 수에 다른 수를 더하는 셈식.

예 물고기가 모두 몇 마리 있는지 덧셈식을 만들면 '4 + 1 = 5'가 돼요.

따라 써요!

다음 중 낱말의 뜻을 잘 알고 있는 것에 ✓ 하세요.

☐ 빼기 ☐ 남다 ☐ 뺄셈식 ☐ 따다 ☐ 더

어떤 과일이 얼마나 더 많이 열렸나? 잘 익은 사과를 따면 남아 있는 사과는 몇 개일까? 빼기를 공부할 때 많이 나오는 낱말을 알아보고 뺄셈식도 만들어 보자!

✏️ 낱말을 읽고, ⬜ 부분에 밑줄을 그으면서 낱말 공부를 해 보세요.

빼기

🟥 뜻 어떤 수에서 다른 수를 **빼는** 것으로 −로 나타냄.

🟥 예 '6 − 2 = 4'라고 쓰고 "6 빼기 2는 4와 같다."라고 읽어요.

뜻이 비슷한 말 차

어떤 수에서 다른 수를 뺀 나머지를 '차'라고 해. '6 − 2 = 4'는 "6과 2의 차는 4이다."라고 읽을 수도 있어.

✏️ 따라 써요!

빼 | 기

남다

🟥 뜻 다 쓰지 않아서 **나머지가 있게 되다.**

🟥 예 딸기 6개에서 4개를 먹으니 2개가 **남아요.**

✏️ 따라 써요!

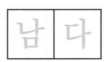

남 | 다

뺄셈식

뜻 어떤 수에서 다른 수를 빼는 셈식.

예 풍선이 몇 개 남아 있는지 뺄셈식을 만들면 '5 - 2 = 3'이 돼요.

따라 써요!

뺄	셈	식

따다

뜻 달려 있거나 붙어 있는 것을 잡아서 떨어지게 하다.

예 빨갛게 익은 토마토를 따서 먹었어요.

따라 써요!

따	다

더

뜻 어떤 것에 비교하여 많이.

예 오이가 토마토보다 얼마나 더 많은지 뺄셈을 해 보았어요.

뜻이 반대되는 말 덜

어떤 것에 비교하여 낮거나 적은 것을 나타내는 말은 '덜'이야. '더'와 '덜'은 뜻이 서로 반대되는 낱말이야.

따라 써요!

더

✏️ 62~63쪽에서 공부한 낱말을 떠올리며 문제를 풀어 보세요.

1 [243002-0062]

뜻에 알맞은 낱말이 되도록 **보기**에서 글자를 찾아 빈칸에 쓰세요.

보기

가 더 덧 모 식

(1)

물건을 쪼개거나 나누는 것.

	르	기

(2)

따로 있는 것을 한데 합치는 것.

	으	기

(3)

어떤 수에 다른 수를 더하는 것으로 +로 나타냄.

	하	기

(4)

어떤 수에 다른 수를 더하는 셈식.

	셈	

2 [243002-0063]

그림에 알맞은 낱말을 **보기**에서 찾아 쓰세요.

보기

명 마리

(1)

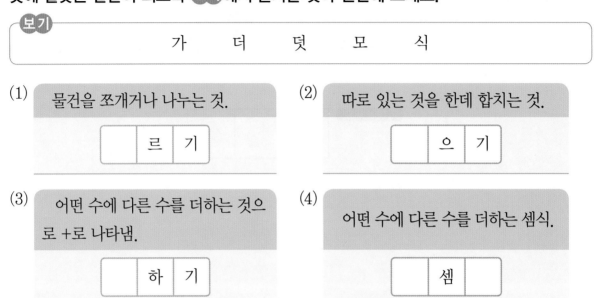

무당벌레 한 ( )

(2)

어린이 두 ( )

3 [243002-0064]

문장에 어울리는 낱말을 ( ) 안에서 골라 ○표 하세요.

'1 + 3 = 4'는 "1과 3의 (합 , 덧셈식)은 4이다."라고 읽는다.

64~65쪽에서 공부한 낱말을 떠올리며 문제를 풀어 보세요.

2
주차

1회
2회
3회
4회
5회

[243002-0065]

4 뜻에 알맞은 낱말을 글자판에서 찾아 묶으세요. (낱말은 가로(一), 세로(ㅣ) 방향에 숨어 있어요.)

❶ 어떤 수에서 다른 수를 빼는 셈식.
❷ 다 쓰지 않아서 나머지가 있게 되다.
❸ 어떤 수에서 다른 수를 빼는 것으로 −로 나타냄.
❹ 달려 있거나 붙어 있는 것을 잡아서 떨어지게 하다.

[243002-0066]

5 그림을 보고 문장에 알맞은 낱말을 ( ) 안에서 골라 ○표 하세요.

노랑나비가 호랑나비보다 두 마리 (덜 , 더) 많다.

[243002-0067]

6 빈칸에 들어갈 알맞은 낱말을 찾아 선으로 이으세요.

(1) '7−3=4'는 "7 [ ] 3은 4와 같다."라고 읽는다. •

• ㉠ 차

(2) '7−3=4'는 "7과 3의 [ ] 는 4 이다."라고 읽는다. •

• ㉡ 빼기

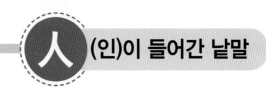
人(인)이 들어간 낱말

모양	뜻	음
人	사람 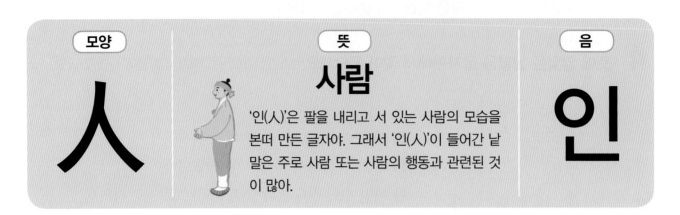 '인(人)'은 팔을 내리고 서 있는 사람의 모습을 본떠 만든 글자야. 그래서 '인(人)'이 들어간 낱말은 주로 사람 또는 사람의 행동과 관련된 것이 많아.	인

✏️ '人(인)'이 들어간 낱말을 읽고, 부분에 밑줄을 그으면서 낱말 공부를 해 보세요.

인사 人 事
사람 인 | 일 사

뜻 사람이 만나거나 헤어질 때 예를 갖추기 위해 하는 말이나 행동.

예 친구들과 반갑게 인사를 나누었어요.

얘들아, 안녕!

주인 主 人
주인 주 | 사람 인

뜻 어떤 것을 자기 것으로 가진 사람.

예 학용품 주인을 찾아 주었어요.

노인 老 人
늙을 노 | 사람 인

뜻 나이가 들어 늙은 사람.

예 짐을 들고 가시는 한 노인분을 도와 드렸어요.

인심 人 心
사람 인 | 마음 심

뜻 사람의 마음.

예 우리 동네 사람들은 인심이 좋아요.

할머니, 이 떡 좀 드세요.

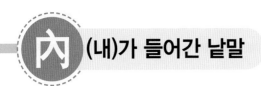

內 (내)가 들어간 낱말

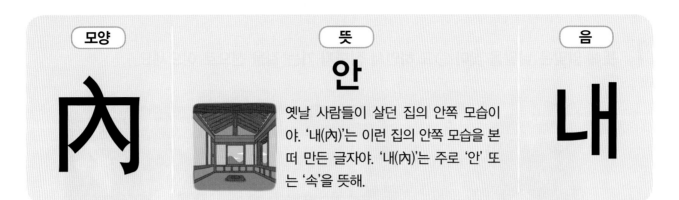

모양	뜻	음
內	안	내

옛날 사람들이 살던 집의 안쪽 모습이야. '내(內)'는 이런 집의 안쪽 모습을 본떠 만든 글자야. '내(內)'는 주로 '안' 또는 '속'을 뜻해.

✏️ '內(내)'가 들어간 낱말을 읽고,　　　　부분에 밑줄을 그으면서 낱말 공부를 해 보세요.

안내　案 內
책상 안　안 내

뜻 남에게 어떤 것을 알려 주는 것.

예 전학 온 친구에게 학교 안내를 해 주었어요.

실내　室 內
집 실　안 내

뜻 방이나 건물 등의 안.

예 실내에서 공놀이를 하면 안 돼요.

내복　內 服
안 내　옷 복

뜻 겨울철에 추위를 막기 위해 겉옷 속에 입는 옷.

예 날씨가 추워져 내복을 입었어요.

내외　內 外
안 내　바깥 외

뜻 어떤 곳의 안쪽과 바깥쪽.

예 학교 내외를 깨끗이 청소해 주셨어요.

뜻이 비슷한 말 **안팎**

'안팎'은 '안과 바깥'이라는 뜻이야. '내외'와 '안팎'은 뜻이 비슷해서 서로 바꾸어 쓸 수 있어.

✏️ 68쪽에서 공부한 낱말을 떠올리며 문제를 풀어 보세요.

1 [243002-0068]
뜻에 알맞은 낱말을 찾아 ○표 하면서 집까지 가는 길을 선으로 이으세요.

2 [243002-0069]
문장에 어울리는 낱말을 ( ) 안에서 골라 ○표 하세요.

(1) 교실 바닥에 떨어진 연필의 (주인 , 노인)은 바로 내 짝이었다.

(2) 학교에 갈 때 부모님께 "학교에 다녀오겠습니다!"라고 (이사 , 인사)를 했다.

69쪽에서 공부한 낱말을 떠올리며 문제를 풀어 보세요.

3 [243002-0070]

뜻에 알맞은 낱말을 그림에서 찾아 짝 지어진 색으로 색칠하세요.

> ■ 주황색 – 방이나 건물 등의 안.
> □ 노란색 – 어떤 곳의 안쪽과 바깥쪽.
> ■ 초록색 – 남에게 어떤 것을 알려 주는 것.
> ■ 파란색 – 겨울철에 추위를 막기 위해 겉옷 속에 입는 옷.

4 [243002-0071]

밑줄 친 말과 바꾸어 쓸 수 있는 낱말을 <u>두 가지</u> 고르세요. (　 , 　)

> 사람들의 응원 소리가 경기장 <u>안쪽과 바깥쪽</u>에 울려 퍼졌다.

① 실내　　　② 내외　　　③ 안내　　　④ 내복　　　⑤ 안팎

5 [243002-0072]

빈칸에 들어갈 알맞은 낱말을 보기에서 찾아 쓰세요.

> 보기
>
> 안내　　　실내　　　내복

(1) ☐☐ 가 너무 더워서 창문을 열었다.

(2) 곧 입학식을 시작한다는 ☐☐ 방송이 나왔다.

(3) 겨울에 입으시라고 할머니께 따뜻한 ☐☐ 을 선물했다.

5회 끝!
붙임딱지

2주차에서 공부한 낱말을 떠올리며 문제를 풀어 보세요.

낱말 뜻

1 [243002-0073]

뜻에 알맞은 낱말을 보기에서 찾아 쓰세요.

보기

곧다   도와주다   어울리다

(1) 남한테 도움을 주다. ➡ (   )

(2) 다른 것과 잘 맞아 보기가 좋다. ➡ (   )

(3) 구부러지거나 비뚤어지지 않고 똑바르다. ➡ (   )

낱말 뜻

2 ~ 3 뜻에 알맞은 낱말을 골라 ○표 하세요.

2 [243002-0074]

가거나 와서 남과 마주 보다.

(만나다 , 헤어지다)

3 [243002-0075]

가만히 있지 않고 자세나 위치를 바꾸다.

(멈추다 , 움직이다)

뜻이 반대되는 말

4 [243002-0076]

뜻이 반대되는 말끼리 짝 지어진 것을 <u>두 가지</u> 고르세요. (,   )

① 빼기 – 차   ② 더하기 – 합   ③ 주변 – 주위

④ 이기다 – 지다   ⑤ 좋아하다 – 싫어하다

뜻이 비슷한 말

5 [243002-0077]

밑줄 친 낱말과 뜻이 비슷하여 바꾸어 쓸 수 있는 말을 골라 ○표 하세요.

친구끼리 싸우지 말고 <u>정답게</u> 지내.

(무섭게 , 사이좋게 , 자랑스럽게)

6 [243002-0078]

두 낱말이 합해져서 만들어진 낱말은 무엇인가요? (   )

① 빵   ② 돌다리   ③ 수박
④ 사과   ⑤ 토마토

7 [243002-0079]

'친척'에 포함되는 낱말 두 가지를 골라 ○표 하세요.

| 이웃 | 할아버지 | 삼촌 | 친구 |

8 [243002-0080]

빈칸에 공통으로 들어갈 말은 무엇인가요? (   )

• 노☐ : 나이가 들어 늙은 사람.
• ☐사: 사람이 만나거나 헤어질 때 예를 갖추기 위해 하는 말이나 행동.

① 내   ② 인   ③ 외   ④ 산   ⑤ 이

9 [243002-0081]

밑줄 친 말을 바르게 사용한 친구에게 ○표 하세요.

(1)

2와 3의 차는 5야.
(   )

(2)

자음자 'ㅃ'의 이름은 '쌍기역'이야.

(   )

(3)

'산'에는 'ㄴ' 받침이 쓰였어.
(   )

낱말 활용

10~12 빈칸에 들어갈 알맞은 낱말을 찾아 선으로 이으세요.

10 [243002-0082]

백화점 ☐은 교통이 복잡하다. •

• ㉠ 기분

11 [243002-0083]

생일 선물을 받아서 ☐이 좋았다. •

• ㉡ 주변

12 [243002-0084]

어지럽게 놓여 있는 신발들을 ☐ 정돈하였다. •

• ㉢ 가지런히

낱말 활용

13~15 ( ) 안에 알맞은 낱말을 보기에서 찾아 쓰세요.

> **보기**
>
> 차이   명   인사

13 [243002-0085] 우리 반 학생은 모두 25( )이다.

14 [243002-0086] 집에 손님이 오셔서 공손하게 ( )를 했다.

15 [243002-0087] 글자 '사'와 '산'은 어떤 ( )가 있는지 말해 보세요.

3주차  어휘 미리 보기

한 주 동안 공부할 어휘들이야. 쏙 한번 훑어볼까?

1회

국어 교과서 어휘

익히다	함께
공원	인물
카드	동네
몸	외치다
짚다	주인공

학습 계획일 ◯ 월 ◯ 일

2회

우리나라 교과서 어휘

태극기	한복
애국가	음식
무궁화	문양
화폐	명절
한글	한옥

학습 계획일 ◯ 월 ◯ 일

3회

국어 교과서 어휘

반갑다	상황
인사말	마음가짐
생각	예의
상대	웃어른
다정하다	헤어지다

학습 계획일 ◯ 월 ◯ 일

4회

수학 교과서 어휘

길이	많다
길다	넓이
무게	넓다
무겁다	높이
양	높다

학습 계획일 ◯ 월 ◯ 일

5회

한자 어휘

남녀	입구
남아	출입
남매	입국
장남	입수

학습 계획일 ◯ 월 ◯ 일

어휘력 테스트

다음 중 낱말의 뜻을 잘 알고 있는 것에 ✔ 하세요.

☐ 익히다　　☐ 공원　　☐ 카드　　☐ 몸　　☐ 짚다

✏️ 낱말을 읽고, [　　] 부분에 밑줄을 그으면서 낱말 공부를 해 보세요.

이것만은 꼭!

익히다

🔈 '익히다'는 [이키다]라고 읽어.

🟦 뜻 잘할 수 있도록 배우다.

🟩 예 여러 가지 낱말을 익혀요.

뜻이 비슷한 말 배우다

'배우다'는 남한테서 지식이나 기술을 얻거나 익힌다는 뜻이야. "할아버지께 바둑을 배웠다."와 같이 쓰여. '익히다'와 '배우다'는 뜻이 비슷해서 서로 바꾸어 쓸 수 있어.

✏️ 따라 써요!

익	히	다

공원

🟦 뜻 사람들이 놀고 쉴 수 있도록 풀밭, 나무, 꽃 등을 가꾸어 놓은 넓은 장소.

🟩 예 아빠가 공원에서 자전거 타는 법을 가르쳐 주셨어요.

✏️ 따라 써요!

공	원

카드

🟦 뜻 일정한 크기로 잘라, 그림이나 글자를 넣은 종이.

🟩 예 선생님의 설명을 듣고 그에 맞는 낱말 카드를 찾으세요.

 돼지　 악어　 로봇　 비행기

✏️ 따라 써요!

카	드

몸

뜻 사람이나 동물의 모습을 이루는 머리부터 발까지의 모두.

예 우리 **몸**에는 머리, 눈, 입, 배, 손, 다리 등이 있어요.

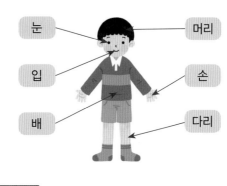

 따라 써요!

몸

3 주차

1회
2회
3회
4회
5회

짚다

뜻 여럿 가운데 어떤 것을 꼭 집어 가리키다.

예 학교와 관련된 낱말을 손으로 **짚으며** 읽어 보아요.

 따라 써요!

짚 다

 자주 틀리는 **맞춤법**

새로 사긴 친구예요.

'사기다'가 아니라 '사귀다'란다. 반갑구나!

어~흥! 안녕하세요?

그, 그래.

예문 같이 놀고 싶어서 새로 **사귄** 친구를 집에 데려왔어요.

다음 중 낱말의 뜻을 잘 알고 있는 것에 ✔ 하세요.

☐ 함께 ☐ 인물 ☐ 동네 ☐ 외치다 ☐ 주인공

✎ 낱말을 읽고, 부분에 밑줄을 그으면서 낱말 공부를 해 보세요.

함께

뜻 여럿이서 한꺼번에 같이.

예 할아버지는 우리와 함께 살아요.

뜻이 비슷한 말 **같이**

'같이'는 '둘 이상이 함께'라는 뜻이야. '함께'와 '같이'는 뜻이 비슷해서 서로 바꾸어 쓸 수 있어.

✎ 따라 써요!

함	께

이것만은 꼭!

인물

뜻 이야기에 나오는 사람이나 동물.

예 신데렐라는 내가 가장 좋아하는 이야기 속 인물이에요.

✎ 따라 써요!

인	물

동네

뜻 사람들이 생활하는 여러 집이 모여 있는 곳.

예 우리 동네에는 맛있는 빵집이 있어요.

뜻이 비슷한 말 **마을**

'마을'은 여러 집이 모여 사는 곳을 뜻해. '동네'와 '마을'은 뜻이 비슷해서 서로 바꾸어 쓸 수 있어.

✎ 따라 써요!

동	네

외치다

뜻 소리를 크게 지르다.

예 친구들이 동시에 외치는 낱말이 무엇인지 알아맞혀 보아요.

✏️ 따라 써요!

외	치	다

주인공

뜻 연극, 영화, 이야기 등에서 중심이 되는 인물.

예 「피노키오」 이야기에서 주인공 피노키오는 거짓말을 하면 코가 길어져요.

✏️ 따라 써요!

주	인	공

 자주 틀리는 맞춤법

산토끼, 토끼야, 어디를 가느냐? ♬♪

깡충깡충 뛰면서 어디를 가느냐? ♬♪

난 '깡총깡총' 안 뛰고 '깡충깡충' 뛴다고! 알았지?

예문 산토끼가 숲속을 깡충깡충 뛰어다니며 놀았어요.

✏️ 76~77쪽에서 공부한 낱말을 떠올리며 문제를 풀어 보세요.

1 [243002-0088]
낱말과 그 뜻을 알맞게 선으로 이으세요.

(1) 몸 •

(2) 짚다 •

(3) 익히다 •

• ㉠ 잘할 수 있도록 배우다.

• ㉡ 여럿 가운데 어떤 것을 꼭 집어 가리키다.

• ㉢ 사람이나 동물의 모습을 이루는 머리부터 발까지의 모두.

2 [243002-0089]
그림을 보고 문장에 알맞은 낱말을 (   ) 안에서 골라 ○표 하세요.

(1)

글자 (지도 , 카드)로 낱말 만들기 놀이를 했다.

(2)

강아지를 데리고 (공원 , 병원)을 산책했다.

3 [243002-0090]
(   ) 안에서 알맞은 낱말을 골라 ○표 하세요.

선생님께서 'ㅈ' 받침이 있는 글자를 손가락으로 (짚어 , 더해) 가며 가르쳐 주셨어요. 다른 받침이 있는 글자도 열심히 (버릴 , 익힐) 거예요.

78~79쪽에서 공부한 낱말을 떠올리며 문제를 풀어 보세요.

4 [243002-0091]

뜻에 알맞은 낱말을 글자판에서 찾아 묶으세요. (낱말은 가로(─), 세로(│) 방향에 숨어 있어요.)

함	께	혼	자
주	인	공	외
동	음	악	치
네	친	구	다

❶ 소리를 크게 지르다.

❷ 여럿이서 한꺼번에 같이.

❸ 사람들이 생활하는 여러 집이 모여 있는 곳.

❹ 연극, 영화, 이야기 등에서 중심이 되는 인물.

5 [243002-0092]

▨ 안의 낱말을 모두 포함하는 말에 ○표 하세요.

흥부	콩쥐	백설 공주	미운 아기 오리

인물	물건	동물

6 [243002-0093]

(   ) 안에 알맞은 낱말을 보기 에서 찾아 쓰세요.

보기

동네   함께   주인공

(1) 나는 형과 한 침대에서 (   ) 잔다.

(2) 우리 (   )에는 아주 큰 서점이 있다.

(3) 「강아지똥」은 (   )인 강아지똥이 꽃을 피우려고 거름이 되는 이야기다.

우리나라 교과서 어휘

다음 중 낱말의 뜻을 잘 알고 있는 것에 ✔ 하세요.

☐ 태극기　☐ 애국가　☐ 무궁화　☐ 화폐　☐ 한글

✏️ 낱말을 읽고, ▨ 부분에 밑줄을 그으면서 낱말 공부를 해 보세요.

이것만은 꼭!

태극기

뜻 우리나라의 국기.

예 태극기를 흔들며 선수들을 응원했어요.

✏️ 따라 써요!

태	극	기

애국가

뜻 '나라를 사랑하는 노래'라는 뜻으로, 우리나라를 대표하는 노래.

예 태극기를 바라보며 애국가를 불렀어요.

✏️ 따라 써요!

애	국	가

무궁화

뜻 우리나라를 대표하는 꽃.

예 무궁화를 함부로 꺾지 않아요.

무궁화는 100일 동안 무궁하게(계속) 꽃을 피운다고 해서 붙여진 이름이야.

 따라 써요!

무	궁	화

화폐

뜻 물건값으로 주고받는 종이나 쇠붙이로 만든 돈.

예 우리나라 화폐에는 우리나라를 빛낸 인물들이 그려져 있어요.

'화폐'와 뜻이 비슷한 말에는 '돈'이 있어.

 따라 써요!

화	폐

한글

뜻 우리나라 글자의 이름.

예 세종 대왕은 배우기 쉬운 한글을 만들었어요.

 따라 써요!

한	글

다음 중 낱말의 뜻을 잘 알고 있는 것에 ✔ 하세요.

☐ 한복 ☐ 음식 ☐ 문양 ☐ 명절 ☐ 한옥

옛날에 우리나라 사람들은 어떤 옷을 입고, 어떤 음식을 먹고, 어떤 집에서 살았을까? 우리나라의 문화를 공부할 때 알아 두어야 할 낱말을 공부해 보자.

✏️ 낱말을 읽고, ⬜ 부분에 밑줄을 그으면서 낱말 공부를 해 보세요.

한복

뜻 우리나라에서 옛날부터 입던 옷.

예 궁궐에서 한복을 입고 다니는 사람들을 보았어요.

 따라 써요!

한	복

음식

뜻 사람들이 먹거나 마실 수 있게 만든 것.

예 우리나라 음식에는 삼계탕, 비빔밥, 불고기, 김치 등이 있어요.

 따라 써요!

음	식

문양

🟦 물건을 꾸미려고 겉에 그리거나 새겨 넣은 모양.

🟦 궁궐에서 우리나라 문양을 사용한 곳을 찾아보았어요.

▲ 여러 가지 문양

'문양'과 뜻이 비슷한 말에는 '무늬'가 있어.

 따라 써요!

문	양

이것만은 꼭!

명절

🟦 설이나 추석처럼 해마다 일정하게 지키면서 즐기거나 기념하는 날.

🟦 명절을 맞아 부모님과 함께 할아버지 댁에 갔어요.

관련 어휘 추석, 설날

추석은 우리나라 명절 가운데 하나로, 음력 8월 15일이야. 그해에 새로 난 쌀로 빚은 송편을 먹어. 설날도 우리나라 명절 가운데 하나로, 음력 1월 1일이야. 떡국을 먹으며 어른들께 세배를 드려.

 따라 써요!

명	절

한옥

🟦 우리나라 고유의 형식으로 지은 집.

🟦 한옥이 모여 있는 마을에 놀러 갔어요.

 따라 써요!

한	옥

✏️ 82~83쪽에서 공부한 낱말을 떠올리며 문제를 풀어 보세요.

[243002-0094]

1 뜻에 알맞은 낱말을 글자판에서 찾아 묶으세요.(낱말은 가로(─), 세로(│) 방향에 숨어 있어요.)

편	애	국	가
지	도	태	수
화	한	극	장
폐	글	기	미

❶ 우리나라의 국기.

❷ 물건값으로 주고받는 종이나 쇠붙이로 만든 돈.

❸ '나라를 사랑하는 노래'라는 뜻으로, 우리나라를 대표하는 노래.

[243002-0095]

2 낱말의 뜻이 무엇인지 (   ) 안에서 알맞은 말을 골라 ○표 하세요.

(1)

무궁화

우리나라를 대표하는 (꽃 , 나무)의 이름.

(2)

한글

우리나라 (숫자 , 글자)의 이름.

[243002-0096]

3 (   ) 안에 알맞은 낱말을 보기에서 찾아 쓰세요.

보기

한글   화폐   애국가

(1) 나라를 사랑하는 마음으로 (   )를 불렀다.

(2) 만 원짜리 (   )에는 세종 대왕이 그려져 있다.

(3) (   )에는 'ㄱ, ㄴ, ㄷ …, ㅏ, ㅑ, ㅓ…' 등이 있다.

84~85쪽에서 공부한 낱말을 떠올리며 문제를 풀어 보세요.

4 [243002-0097]

낱말의 뜻을 **보기**에서 찾아 사다리를 타고 내려간 곳에 기호를 쓰세요.

보기

㉠ 사람들이 먹거나 마실 수 있게 만든 것.

㉡ 물건을 꾸미려고 겉에 그리거나 새겨 넣은 모양.

㉢ 설이나 추석처럼 해마다 일정하게 지키면서 즐기거나 기념하는 날.

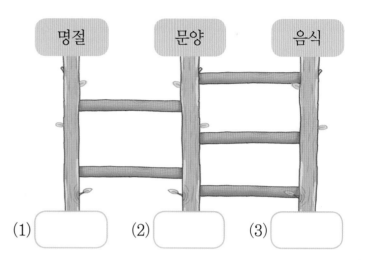

| 명절 | 문양 | 음식 |

(1) ☐　(2) ☐　(3) ☐

5 [243002-0098]

뜻에 알맞은 낱말이 되도록 빈칸에 알맞은 글자를 쓰세요.

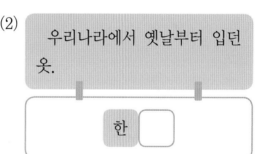

(1) 우리나라 고유의 형식으로 지은 집.

한 ☐

(2) 우리나라에서 옛날부터 입던 옷.

한 ☐

6 [243002-0099]

문장에 어울리는 낱말을 (　) 안에서 골라 ○표 하세요.

(1) 한복에 전통 (문양 , 음악)이 새겨져 있었다.

(2) 할아버지께서는 흙, 돌, 나무로 지은 (한복 , 한옥)에 사신다.

(3) 나는 우리나라 (음식 , 명절) 중에서 불고기를 가장 좋아한다.

2회 끝!
붙임딱지

다음 중 낱말의 뜻을 잘 알고 있는 것에 ✔ 하세요.

☐ 반갑다 ☐ 인사말 ☐ 생각 ☐ 상대 ☐ 다정하다

 낱말을 읽고, ▨▨▨ 부분에 밑줄을 그으면서 낱말 공부를 해 보세요.

반갑다

🗣 뜻 보고 싶던 사람을 만나서 마음이 즐겁고 기쁘다.

예 친구와 반갑게 인사했어요.

✏ 따라 써요!

| 반 | 갑 | 다 |

이것만은 꼭!

인사말

🗣 뜻 사람이 만나거나 헤어질 때 예를 갖추기 위해 하는 말.

예 언제 어떤 인사말을 하는지 알아보았어요.

언제	인사말
학교에 갈 때	다녀오겠습니다.
친구가 상을 받았을 때	축하해.
친구에게 도움을 받았을 때	고마워.
친구에게 실수했을 때	미안해.

 따라 써요!

| 인 | 사 | 말 |

생각

뜻 어떤 일에 대한 의견이나 느낌.

예 인사를 하는 모습을 보고 어떤 생각이 들었나요?

따라 써요!

생	각

상대

뜻 자기가 마주 대하는 사람.

예 만나는 사람에게 인사하면 상대도 나에게 인사해요.

뜻이 비슷한 말 **상대방**

마주 보거나 맞서는 쪽을 '상대방'이라고 해. '상대'와 '상대방'은 뜻이 비슷해서 서로 바꾸어 쓸 수 있어.

따라 써요!

상	대

다정하다

뜻 태도나 행동이 친절하고 따뜻하다.

예 등굣길에 친구를 만나 다정하게 인사했어요.

따라 써요!

다	정	하	다

자주 틀리는 맞춤법

예문 우리는 **쌍둥이**라서 사람들이 누가 누구인지 헷갈려 해요.

다음 중 낱말의 뜻을 잘 알고 있는 것에 ☑ 하세요.

☐ 상황 ☐ 마음가짐 ☐ 예의 ☐ 웃어른 ☐ 헤어지다

✎ 낱말을 읽고,   부분에 밑줄을 그으면서 낱말 공부를 해 보세요.

상황

뜻 일이 되어 가는 형편.

예 "축하드려요."라는 인사말은 어떤 상황일 때 할까요?

 따라 써요!

상	황

마음가짐

뜻 어떤 일에 대해 마음을 쓰는 자세나 태도.

예 인사할 때는 바른 마음가짐으로 해야 해요.

따라 써요!

마	음	가	짐

 이것만은 꼭!

예의

뜻 마땅히 지켜야 할 바른 마음가짐과 몸가짐.

예 선생님께 인사할 때에는 예의 바르게 해요.

뜻이 비슷한 말 **예절**

'예절'은 남을 대하거나 어떤 일을 할 때 갖추어야 할 바른 말투와 몸가짐을 뜻해. '예의'와 '예절'은 뜻이 비슷해서 서로 바꾸어 쓸 수 있어.

 따라 써요!

예	의

웃어른

뜻 자기보다 나이가 많거나 높은 자리에 있는 사람.

예 웃어른께 선물을 받았을 때 "감사합니다."라고 인사했어요.

'웃어른'과 비슷한 말에는 '어른'이 있어. 그리고 '윗어른'이라고 잘못 사용하지 않도록 주의해야 해.

✏️ 따라 써요!

웃	어	른

헤어지다

뜻 한곳에 있던 사람들이 따로따로 흩어지다.

예 선생님과 헤어질 때 "안녕히 계세요."라고 인사했어요.

✏️ 따라 써요!

헤	어	지	다

자주 틀리는 맞춤법

누나, 나 소세지 하나만 줘.

왜 나 안 줘?

이건 '소세지'가 아니라 '소시지'거든!

나도 소시지 줘!

예문 누나와 함께 간식으로 소시지를 먹었어요.

✏️ 88~89쪽에서 공부한 낱말을 떠올리며 문제를 풀어 보세요.

[243002-0100]
1 각 그림에 들어갈 글자를 모아 낱말을 완성하세요.

상
자기가 마주 대하는 사람.

갑다
보고 싶던 사람을 만나서 마음이 즐겁고 기쁘다.

다 하다
태도나 행동이 친절하고 따뜻하다.

사말
사람이 만나거나 헤어질 때 예를 갖추기 위해 하는 말.

(1)  (   )

(2)  (   )

[243002-0101]
2 그림 속에서 아이들이 할 인사말로 알맞은 것을 보기에서 찾아 기호를 쓰세요.

ㄱ 축하해.
ㄴ 고마워.
ㄷ 미안해.
ㄹ 내일 보자.

(1)
(   )

(2)
(   )

[243002-0102]
3 문장에 어울리는 낱말을 (   ) 안에서 골라 ○표 하세요.

(1) 등굣길에 만난 친구에게 "안녕!" 하고 (인사말 , 높임말)을 했다.

(2) 친구와 다정하게 인사를 하니까 더 가까워졌다는 (생각 , 행동)이 들었다.

90~91쪽에서 공부한 낱말을 떠올리며 문제를 풀어 보세요.

[243002-0103]

4 뜻에 알맞은 낱말이 쓰인 퍼즐 조각을 찾아 선으로 이으세요.

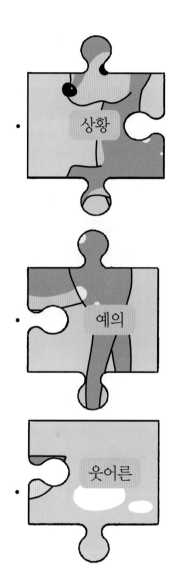

자기보다 나이가 많거나 높은 자리에 있는 사람. •

일이 되어 가는 형편. •

마땅히 지켜야 할 바른 • 마음가짐과 몸가짐.

• 상황

• 예의

웃어른

[243002-0104]

5 문장에 어울리는 낱말을 ( ) 안에서 골라 ○표 하세요.

(1) 친구와 (만날 , 헤어질) 때 "잘 가."라고 인사했다.

(2) 어른에게 인사를 할 때에는 (예의 , 신호)를 잘 지켜야 한다.

(3) 길에서 선생님을 만나면 공손한 (욕심 , 마음가짐)으로 인사한다.

3회 끝!
붙임딱지

다음 중 낱말의 뜻을 잘 알고 있는 것에 ☑ 하세요.

☐ 길이 ☐ 길다 ☐ 무게 ☐ 무겁다 ☐ 양

무겁고 코가 긴 동물은?
바로 코끼리! 이번에는 '무겁다',
'길다'와 같이, 무게와 길이를
나타내는 낱말을 공부해 보자!

✏️ 낱말을 읽고, ⬜ 부분에 밑줄을 그으면서 낱말 공부를 해 보세요.

길이

뜻 한쪽 끝에서 다른 쪽 끝까지의 거리.

예 세 연필의 길이가 똑같아요.

✏️ 따라 써요!

길다

뜻 물체의 한쪽 끝에서 다른 쪽 끝까지의 거리가 멀다.

예 빨대는 크레파스보다 더 길어요.

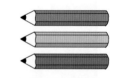

뜻이 반대되는 말 **짧다**

'짧다'는 "물체의 양 끝 사이가 가깝다."라는 뜻이야. '길다'와 '짧다'는 뜻이 서로 반대되는 낱말이야.

✏️ 따라 써요!

무게

뜻 무거운 정도.

예 시소를 타고 무게를 비교해 보았어요.

✏️ 따라 써요!

무	게

 이것만은 꼭!

무겁다

뜻 무게가 많이 나가다.

예 필통이 지우개보다 무겁다.

뜻이 반대되는 말 **가볍다**

'가볍다'는 "무게가 적다."라는 뜻이야. '무겁다'와 '가볍다'는 뜻이 서로 반대되는 낱말이야.

✏️ 따라 써요!

무	겁	다

양

뜻 많거나 적은 정도를 나타내는 말.

예 담긴 주스의 양이 달라요.

✏️ 따라 써요!

양

다음 중 낱말의 뜻을 잘 알고 있는 것에 ✔ 하세요.

☐ 많다 ☐ 넓이 ☐ 넓다 ☐ 높이 ☐ 높다

✏️ 낱말을 읽고, 〔　　〕 부분에 밑줄을 그으면서 낱말 공부를 해 보세요.

 **이것만은 꼭!**

많다

뜻 수나 양이 기준보다 더 있다.

예 주전자는 종이컵보다 담을 수 있는 물의 양이 더 많아요.

 **따라 써요!**

| 많 | 다 |

'많다'와 뜻이 반대되는 낱말은 '적다'야.

넓이

뜻 어떤 장소나 물건이 차지하는 공간의 넓은 정도.

예 오백 원짜리 동전과 십 원짜리 동전의 넓이를 비교해 보자.

 **따라 써요!**

| 넓 | 이 |

넓다

'넓다'와 뜻이 반대되는
낱말은 '좁다'야.

뜻 면이나 바닥 등이 차지하는 크기가 크다.

예 색 도화지가 색종이보다 더 넓어요.

겹쳐 맞대었을 때
남는 부분이 있는 분홍색
색 도화지가 색종이보다
더 넓은 거야.

따라 써요!

높이

뜻 맨 밑에서 꼭대기까지의 거리.

예 블록을 쌓고 그 높이를 재 보자.

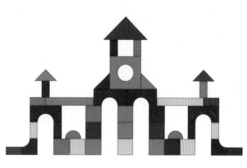

따라 써요!

높다

뜻 아래에서 위까지의 거리가 멀다.

예 동생이 쌓은 블록이 내가 쌓은 블록보다 더 높아요.

뜻이 반대되는 말 낮다

'낮다'는 "아래에서 위까지의 거리가 짧다."라는 뜻이야. '높다'와 '낮다'
는 뜻이 서로 반대되는 낱말이야.

따라 써요!

✏️ 94~95쪽에서 공부한 낱말을 떠올리며 문제를 풀어 보세요.

1 [243002-0105]

뜻에 알맞은 낱말을 보기 에서 찾아 사다리를 타고 내려간 곳에 쓰세요.

보기
> 양 　 길이 　 무게

무거운 정도.

많거나 적은 정도를 나타내는 말.

한쪽 끝에서 다른 쪽 끝까지의 거리.

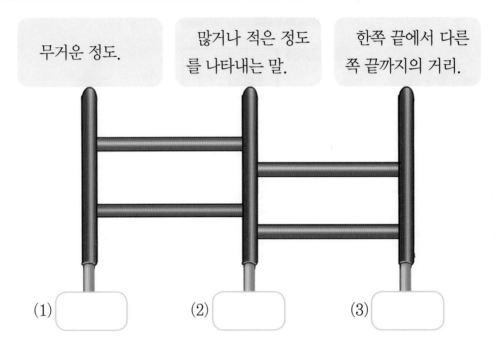

(1) ☐ 　(2) ☐ 　(3) ☐

2 [243002-0106]

그림을 보고 문장에 알맞은 낱말을 ( ) 안에서 골라 ○표 하세요.

(1)
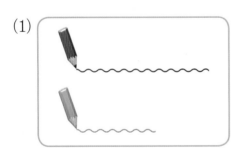

보라색 선은 초록색 선보다 더 (짧다 , 길다).

(2)

수박은 참외보다 더 (가볍다 , 무겁다).

3 [243002-0107]

( ) 안에서 알맞은 낱말을 골라 ○표 하세요.

> 자는 (길이 , 무게)를 재는 물건이고, 저울은 (길이 , 무게)를 재는 물건이다.

96~97쪽에서 공부한 낱말을 떠올리며 문제를 풀어 보세요.

4 [243002-0108]
글자 카드에서 카드를 골라 뜻에 알맞은 낱말을 만들어 쓰세요.

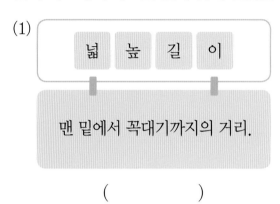

(1)
| 넓 | 높 | 길 | 이 |

맨 밑에서 꼭대기까지의 거리.

(   )

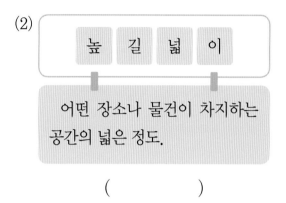

(2)
| 높 | 길 | 넓 | 이 |

어떤 장소나 물건이 차지하는 공간의 넓은 정도.

(   )

5 [243002-0109]
뜻이 반대되는 낱말을 찾아 선으로 이으세요.

(1) 많다 •

(2) 넓다 •

(3) 높다 •

• ㉠ 낮다

• ㉡ 적다

• ㉢ 좁다

6 [243002-0110]
그림을 보고 (   ) 안에 알맞은 낱말을 보기에서 찾아 쓰세요.

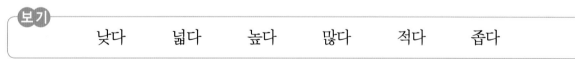

보기
| 낮다 | 넓다 | 높다 | 많다 | 적다 | 좁다 |

(1) ❷번 물병은 ❶번 물병보다 담긴 물의 양이 더 (   ).

(2) ❶번 칠판은 ❷번 칠판보다 넓이가 더 (   ).

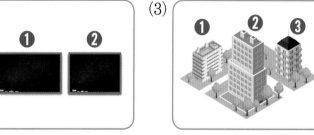

(3) 세 건물 중 ❷번 건물의 높이가 가장 (   ).

3주차

1회
2회
3회
4회
5회

4회 끝!
붙임딱지

男 (남)이 들어간 낱말

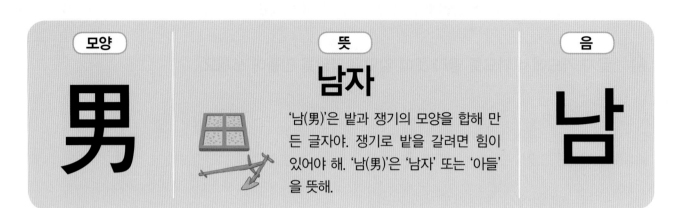

모양	뜻	음
男	남자	남

'남(男)'은 밭과 쟁기의 모양을 합해 만든 글자야. 쟁기로 밭을 갈려면 힘이 있어야 해. '남(男)'은 '남자' 또는 '아들'을 뜻해.

✏️ '男(남)'이 들어간 낱말을 읽고, ▨ 부분에 밑줄을 그으면서 낱말 공부를 해 보세요.

남녀

男	女
남자 남	여자 녀

뜻 남자와 여자.

예 친척을 부르는 말은 남녀에 따라 달라져요.

고모 → ← 삼촌

남아

男	兒
남자 남	아이 아

뜻 남자아이.

예 고모께서 얼마 전에 남아를 낳으셨어요.

여자아이를 '여아'라고 해.

남매

男	妹
남자 남	누이 매

뜻 한 부모에게서 태어난 남자와 여자.

예 우리 남매는 사이가 정말 좋아요.

한 부모에게서 태어난 여자와 여자를 '자매'라고 해.

장남

長	男
맏(첫째) 장	아들 남

☝ '長(장)'의 대표 뜻은 '길다', '男(남)'의 대표 뜻은 '남자'야.

뜻 아들 가운데 맨 먼저 태어난 아들.

예 우리 아버지는 장남이에요.

아버지 → ← 삼촌

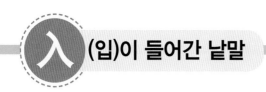

入 (입)이 들어간 낱말

모양	뜻	음
入	들다	입

'입(入)'은 뾰족한 지붕의 모습을 본 떠 만든 글자야. '입(入)'은 '들어가다' 를 뜻해.

✏️ '入(입)'이 들어간 낱말을 읽고, ▨ 부분에 밑줄을 그으면서 낱말 공부를 해 보세요.

입구 入 口
들입 · 입구

🔵 뜻 안으로 들어가는 문이나 길.

🟦 예 놀이공원 입구를 찾았어요.

출입 出 入
날출 · 들입

🔵 뜻 들어가거나 나오는 것.

🟦 예 문이 고장 나서 출입을 할 수 없어요.

입국 入 國
들입 · 나라 국

🔵 뜻 나라 안으로 들어가는 것.

🟦 예 공항에서 입국을 허락했어요.

입수 入 手
들입 · 손 수

🔵 뜻 손에 들어오는 것.

🟦 예 인터넷에서 중요한 정보를 입수했어요.

확인 문제

✏️ 100쪽에서 공부한 낱말을 떠올리며 문제를 풀어 보세요.

1 [243002-0111]

뜻에 알맞은 낱말을 그림에서 찾아 짝 지어진 색으로 색칠하세요.

- **보라색** – 남자아이.
- **빨간색** – 남자와 여자.
- **주황색** – 아들 가운데 맨 먼저 태어난 아들.
- **분홍색** – 한 부모에게서 태어난 남자와 여자.

2 [243002-0112]

그림에서 안경 쓴 '남아'를 찾아 ○표 하세요.

3 [243002-0113]

그림을 보고 문장에 어울리는 낱말을 ( ) 안에서 골라 ○표 하세요.

부모님께서는 항상 우리에게 (남매 , 자매)끼리 싸우지 말고 사이좋게 지내라고 말씀하신다.

✏️ 101쪽에서 공부한 낱말을 떠올리며 문제를 풀어 보세요.

[243002-0114]
4 뜻에 알맞은 낱말을 완성하세요.

(1)

> 가로❶ 나라 안으로 들어가는 것.
> ↓세로❶ 안으로 들어가는 문이나 길.

(2)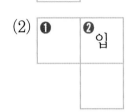

> 가로❶ 들어가거나 나오는 것.
> ↓세로❷ 손에 들어오는 것.

[243002-0115]
5 그림에서 '입구'는 어디인지 찾아 기호를 쓰세요.

(   )

[243002-0116]
6 빈칸에 들어갈 알맞은 낱말을 보기에서 찾아 쓰세요.

보기

입구   입수   출입

(1) 건물이 공사 중이라 [   ] 을 할 수 없다.

(2) 골목길 [   ] 가 좁아서 소방차가 못 들어갔다.

(3) 경찰관은 범인에 대한 새로운 정보를 [   ] 했다.

낱말 뜻

1 [243002-0117]

낱말과 그 뜻을 알맞게 선으로 이으세요.

(1) 주인공 · · ㉠ 어떤 일에 대한 의견이나 느낌.

(2) 생각 · · ㉡ 태도나 행동이 친절하고 따뜻하다.

(3) 다정하다 · · ㉢ 연극, 영화, 이야기 등에서 중심이 되는 인물.

낱말 뜻

2 ~ 3 낱말의 뜻이 무엇인지 ( ) 안에서 알맞은 말을 골라 ○표 하세요.

2 [243002-0118]

| 외치다 | 소리를 (작게 , 크게) 지르다. |

3 [243002-0119]

| 헤어지다 | 한곳에 있던 사람들이 따로따로 (만나다 , 흩어지다). |

뜻이 반대되는 말

4 ~ 5 밑줄 친 낱말과 뜻이 반대되는 말을 보기 에서 찾아 쓰세요.

보기

적다   좁다   짧다   가볍다

4 [243002-0120]

이 운동화는 끈이 <u>길다</u>.   (   )

5 [243002-0121]

내 장난감은 언니 장난감보다 더 <u>많다</u>.   (   )

6 [243002-0122]

밑줄 친 낱말과 뜻이 비슷한 말은 무엇인가요? (   )

> 우리 동네에는 작은 어린이 도서관이 있다.

① 나라   ② 마을   ③ 골목

④ 공원   ⑤ 학교

7 [243002-0123]

뜻이 반대되는 말끼리 알맞게 짝 지어진 것은 무엇인가요? (   )

① 문양–무늬   ② 함께–같이   ③ 높다–낮다

④ 상대–상대방   ⑤ 웃어른–어른

8 ~ 9 다른 낱말을 모두 포함하는 낱말을 골라 ○표 하세요.

8 [243002-0124]

> 몸   머리   손   다리

9 [243002-0125]

> 삼계탕   김치   음식   비빔밥

10 [243002-0126]

빈칸에 공통으로 들어갈 말은 무엇인가요? (   )

> • □녀: 남자와 여자.
> • 장□: 아들 가운데 맨 먼저 태어난 아들.

① 남   ② 여   ③ 장   ④ 막   ⑤ 형

정답과 해설 ▶ 13쪽

낱말 활용

11 [243002-0127]
밑줄 친 말을 바르게 사용한 친구에게 ○표 하세요.

(1)
이 바구니는 가벼워서 혼자 못 들겠어.
( )

(2)
명절이라 한복을 입고 할머니 댁에 갔어.
( )

(3)
우리 학교 운동장은 무게가 넓어.
( )

낱말 활용

12 ~ 15 빈칸에 들어갈 알맞은 낱말을 보기에서 찾아 쓰세요.

보기
입구   예의   익혔다   외쳤다

12 [243002-0128]
할머니를 만났을 때 ☐☐ 바르게 인사했다.

13 [243002-0129]
동영상을 보면서 춤 동작을 열심히 ☐☐☐ .

14 [243002-0130]
미술관에서 ☐☐ 를 못 찾아 한참 만에 들어갈 수 있었다.

15 [243002-0131]
강물에 빠진 사람이 "살려 주세요!"라고 ☐☐☐ .

4주차 어휘 미리 보기

한 주 동안 공부할 어휘들이야. 쓱 한번 훑어볼까?

1회

국어 교과서 어휘

문장	짝꿍
또박또박	문장 부호
떠오르다	방법
띄어 읽기	느낌
까닭	쓰임

학습 계획일 ○월 ○일

2회

탐험 교과서 어휘

탐험	위급하다
상상하다	응급
세상	발생하다
용기	요청하다
기지	신고하다

학습 계획일 ○월 ○일

3회

국어 교과서 어휘

일어나다	포함되다
쌍받침	헤치다
기지개	휘둥그레
누가	빌리다
무엇을	뒤집다

학습 계획일 ○월 ○일

4회

수학 교과서 어휘

십~십구	이십~오십
열~열아홉	스물~쉰
묶음	정도
낱개	만큼
	부터

학습 계획일 ○월 ○일

5회

한자 어휘

대문	정직
대상	공정
대장부	부정
대회	정답

학습 계획일 ○월 ○일

어휘력 테스트

다음 중 낱말의 뜻을 잘 알고 있는 것에 ✔ 하세요.

□ 문장   □ 또박또박   □ 떠오르다   □ 띄어 읽기   □ 까닭

 낱말을 읽고, ▨▨▨ 부분에 밑줄을 그으면서 낱말 공부를 해 보세요.

문장

뜻 말이나 글로 어떤 내용이나 생각을 나타내는 가장 작은 단위.

예 "학교에 간다."와 같이 표현한 것을 문장이라고 해요.

✏️ **따라 써요!**

문	장

또박또박

뜻 말이나 글씨 등이 분명하고 또렷한 모양.

예 또박또박 큰 소리로 책을 읽어 보아요.

"또박또박 읽다.",
"또박또박 대답하다.",
"또박또박 글씨를 쓰다."
이럴 때 '또박또박'을 쓴다는
것을 기억해!

✏️ **따라 써요!**

또	박	또	박

떠오르다

뜻 기억이 되살아나거나 생각이 나다.

예 그림을 보고 떠오르는 생각을 말해 보아요.

✏️ **따라 써요!**

떠	오	르	다

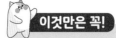 이것만은 꼭!

띄어 읽기

뜻 낱말과 낱말, 문장과 문장 사이에서 잠시 쉬어 읽는 것.

예 **띄어 읽기**에 따라 문장의 뜻이 달라져요.

가
오늘 밤, 나무를 심자.

나
오늘 밤나무를 심자.

가처럼 띄어 읽으면 나무를 오늘 밤에 심자는 뜻이야. **나**처럼 띄어 읽으면 밤나무를 오늘 심자는 뜻이야.

✏️ 따라 써요!

띄	어	읽	기

까닭

뜻 어떤 일이 일어나게 된 이유나 사정.

예 문장을 알맞게 띄어 읽어야 하는 **까닭**을 알게 되었어요.

✏️ 따라 써요!

까	닭

 자주 틀리는 **맞춤법**

언니, 우리 배개 싸움 할래?

'베다'의 '베'에 '개'가 붙어서 '베개'야.

베개 싸움 시작!

예문 언니와 자기 전에 **베개** 싸움을 하며 놀았어요.

다음 중 낱말의 뜻을 잘 알고 있는 것에 ✓ 하세요.

☐ 짝꿍 ☐ 문장 부호 ☐ 방법 ☐ 느낌 ☐ 쓰임

✏️ 낱말을 읽고, ▢ 부분에 밑줄을 그으면서 낱말 공부를 해 보세요.

짝꿍

뜻 학교 등에서 짝을 이루는 사람.

예 선생님께서 키 순서대로 짝꿍을 정해 주셨어요.

 따라 써요!

| 짝 | 꿍 |

'짝꿍'과 뜻이 비슷한 말에는 '짝'이 있어.

 이것만은 꼭!

문장 부호

뜻 쉼표(,), 마침표(.), 물음표(?), 느낌표(!)처럼 문장에 찍는 부호.

예 문장에 알맞게 문장 부호를 써야 해요.

✏️ 따라 써요!

| 문 | 장 | 부 | 호 |

방법

뜻 어떤 일을 해 나가는 수단이나 방식.

예 문장 부호를 쓰는 방법을 알아보아요.

관련 어휘 **문장 부호를 쓰는 방법**

| , | . | → 쉼표와 마침표는 왼쪽 아래에 오도록 써요.

| ? | ! | → 물음표와 느낌표는 한가운데에 오도록 써요.

 따라 써요!

| 방 | 법 |

느낌

뜻 몸이나 마음에서 일어나는 기분이나 감정.

예 컴컴한 밤이 되니까 무서운 느낌이 들었어요.

관련 어휘 **느낌을 나타내는 말**

'즐겁다, 재미있다, 신나다, 기쁘다, 따뜻하다, 슬프다, 외롭다, 섭섭하다, 억울하다' 등은 기분이나 감정을 나타내는 말이야.

따라 써요!

느	낌

쓰임

뜻 쓰이는 일. 또는 쓰이는 곳.

예 쉼표, 마침표, 물음표, 느낌표의 쓰임이 달라요.

관련 어휘 **문장 부호의 이름과 쓰임**

쉼표	부르는 말이나 대답하는 말 뒤에 씀. 예 민지야, 놀자.
마침표	설명하는 문장 끝에 씀. 예 놀이터에서 놀았다.
물음표	묻는 문장 끝에 씀. 예 놀이터에서 놀래?
느낌표	느낌을 나타내는 문장 끝에 씀. 예 날씨가 좋구나!

따라 써요!

쓰	임

자주 틀리는 맞춤법

예문 토요일 점심때 짜장면 **곱빼기**를 시켜 먹었어요. ☞ '짜장면'과 '자장면'은 모두 맞춤법에 맞는 말이야.

✏️ 108~109쪽에서 공부한 낱말을 떠올리며 문제를 풀어 보세요.

1 [243002-0132]
뜻에 알맞은 낱말을 찾아 개미가 집까지 가는 길을 선으로 이으세요.

말이나 글씨 등이 분명하고 또렷한 모양.

어떤 일이 일어나게 된 이유나 사정.

기억이 되살아나거나 생각이 나다.

떠오르다

까닭

또박또박

2 [243002-0133]
문장에 어울리는 낱말을 ( ) 안에서 골라 ○표 하세요.

(1) 학교에서도 엄마 얼굴이 (떠들었다 , 떠올랐다).

(2) 동생이 글씨를 (또박또박 , 뚜벅뚜벅) 잘 썼다.

(3) 문장을 읽을 때 알맞게 (띄어 읽기 , 빨리 읽기)를 해야 문장의 뜻을 정확하게 알 수 있다.

110~111쪽에서 공부한 낱말을 떠올리며 문제를 풀어 보세요.

3 [243002-0134]

낱말의 뜻을 에서 찾아 사다리를 타고 내려간 곳에 기호를 쓰세요.

보기

㉠ 쓰이는 일. 또는 쓰이는 곳.

㉡ 어떤 일을 해 나가는 수단이나 방식.

㉢ 몸이나 마음에서 일어나는 기분이나 감정.

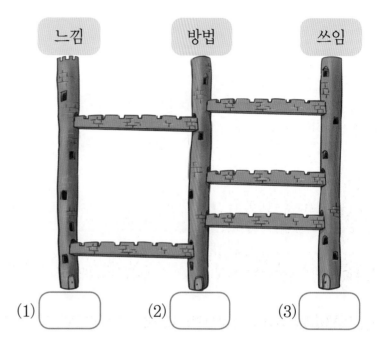

4 [243002-0135]

문장 부호의 이름을 보기에서 찾아 쓰세요.

보기

쉼표   느낌표   마침표   물음표

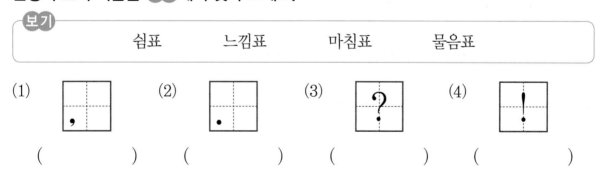

5 [243002-0136]

밑줄 친 낱말의 쓰임이 알맞으면 ○표, 알맞지 않으면 ✕표 하세요.

(1) 내가 아끼는 <u>짝꿍</u>을 친구들에게 나누어 주었다. (   )

(2) 로봇 청소기 사용 <u>방법</u>을 몰라서 설명서를 읽어 보았다. (   )

(3) 문장의 끝에는 마침표, 물음표, 느낌표와 같은 <u>문장 부호</u>를 쓴다. (   )

1회 끝!
붙임딱지

다음 중 낱말의 뜻을 잘 알고 있는 것에 ✔ 하세요.

☐ 탐험 ☐ 상상하다 ☐ 세상 ☐ 용기 ☐ 기지

✏️ 낱말을 읽고, ▨▨ 부분에 밑줄을 그으면서 낱말 공부를 해 보세요.

 이것만은 꼭!

탐험

뜻 알려지지 않은 곳을 위험을 무릅쓰고 찾아가서 살펴보고 조사하는 것.

예 북극으로 탐험을 떠나고 싶어요.

관련 어휘 **탐험가**

위험을 무릅쓰고 어떤 곳을 찾아가서 자세히 살펴보고 조사하는 사람을 '탐험가'라고 해.

 따라 써요!

탐	험

상상하다

뜻 실제로 없거나 보이지 않는 것을 머릿속에 떠올리다.

예 달나라에 가면 어떤 느낌일지 상상해 보아요.

 따라 써요!

상	상	하	다

세상

뜻 사람이 살고 있는 모든 사회.

예 제가 가 보고 싶은 곳은 바닷속 세상이에요.

뜻이 비슷한 말 세계

지구 위에 있는 모든 나라를 '세계'라고 해. '세상'과 '세계'는 뜻이 비슷해서 서로 바꾸어 쓸 수 있어.

✏️ 따라 써요!

세	상

4
주차

1회
2회
3회
4회
5회

용기

뜻 겁이 없는 씩씩하고 굳센 마음.

예 새로운 세상으로 탐험을 떠나려면 용기가 필요해요.

✏️ 따라 써요!

용	기

기지

뜻 군대나 탐험대 등이 머물면서 활동할 수 있게 시설을 갖춘 장소.

예 남극에는 여러 나라의 과학 기지가 있어요.

✏️ 따라 써요!

기	지

다음 중 낱말의 뜻을 잘 알고 있는 것에 ✓ 하세요.

☐ 위급하다 ☐ 응급 ☐ 발생하다 ☐ 요청하다 ☐ 신고하다

응급 상황이 발생했어.
어떻게 해야 하는지
생각하며 관련 있는
낱말을 공부해 보자.

✏️ 낱말을 읽고, ▨▨▨ 부분에 밑줄을 그으면서 낱말 공부를 해 보세요.

위급하다

뜻 몹시 위험하고 급하다.

예 위급한 환자를 실은 구급차가 병원에 도착했어요.

🖍️ 따라 써요!

위	급	하	다

응급

뜻 급한 상황을 넘기려고 먼저 처리하는 것.

예 손에 피가 났을 때 엄마가 응급 치료를 해 주었어요.

관련 어휘 응급실

'응급실'은 병원 등에서 환자의 응급 처치를 할 수 있는 시설을 갖추어
놓은 방을 뜻해.

🖍️ 따라 써요!

응	급

발생하다

뜻 어떤 일이 일어나다.

예 건물에서 화재가 발생했어요.

✏️ 따라 써요!

발	생	하	다

요청하다

뜻 어떤 일을 해 달라고 부탁하다.

예 응급 상황이 생기면 도움을 요청해요.

✏️ 따라 써요!

요	청	하	다

이것만은 꼭!

신고하다

뜻 경찰서나 소방서 같은 공공 기관에 어떠한 사실을 알리다.

예 119에 전화를 걸어 신고해요.

✏️ 따라 써요!

신	고	하	다

✏️ 114~115쪽에서 공부한 낱말을 떠올리며 문제를 풀어 보세요.

1 [243002-0137]
뜻에 알맞은 낱말을 완성하세요.

(1)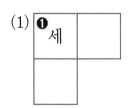

가로❶ 사람이 살고 있는 모든 사회.
세로❶ 지구 위에 있는 모든 나라. 뜻이 비슷한 말로는 '세상'이 있음.

(2)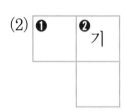

가로❶ 겁이 없는 씩씩하고 굳센 마음.
세로❷ 군대나 탐험대 등이 머물면서 활동할 수 있게 시설을 갖춘 장소.

2 [243002-0138]
빈칸에 들어갈 알맞은 낱말을 찾아 ○표 하세요.

위험을 무릅쓰고 어떤 곳을 찾아가서 자세히 살펴보고 조사하는 사람을 [   ]라고 해.

화가

탐험가   발명가

3 [243002-0139]
밑줄 친 낱말을 알맞게 사용한 친구에게 ○표 하세요.

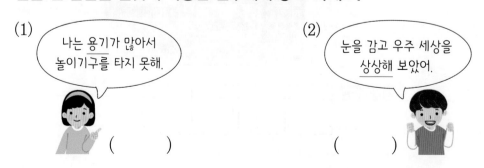

(1) 나는 <u>용기</u>가 많아서 놀이기구를 타지 못해.

(   )

(2) 눈을 감고 우주 세상을 <u>상상</u>해 보았어.

(   )

116~117쪽에서 공부한 낱말을 떠올리며 문제를 풀어 보세요.

[243002-0140]

4 뜻에 알맞은 낱말이 되도록 보기에서 글자를 찾아 빈칸에 쓰세요.

보기

급 하 생

(1)
어떤 일이 일어나다.

발			다

(2) 급한 상황을 넘기려고 먼저 처리하는 것.

응	

[243002-0141]

5 그림을 보고 ( ) 안에 알맞은 낱말을 보기에서 찾아 쓰세요.

보기

위급 신고 요청

환자 확인하기

(1) 도움 ( ) 하기

(2) 119에 ( ) 하기

[243002-0142]

6 문장에 어울리는 낱말을 ( ) 안에서 골라 ○표 하세요.

(1) 의사는 (응급 , 응원) 환자부터 급히 치료해 주었다.

(2) 교통사고가 (고생한 , 발생한) 곳으로 구급차가 달려갔다.

다음 중 낱말의 뜻을 잘 알고 있는 것에 ☑ 하세요.
☐ 일어나다   ☐ 쌍받침   ☐ 기지개   ☐ 누가   ☐ 무엇을

 낱말을 읽고, ▨ 부분에 밑줄을 그으면서 낱말 공부를 해 보세요.

일어나다

뜻 어떤 일이 생기다.

예 교실에서 싸움이 일어났어요.

✏ 따라 써요!

| 일 | 어 | 나 | 다 |

'일어나다'라는 말은 "아침 일찍 일어나다."라고 할 때도 사용해.

 이것만은 꼭!

쌍받침

뜻 서로 같은 두 개의 자음자가 겹쳐서 된 받침.

예 '묶다'에는 쌍받침이 들어 있어요.

관련 어휘 **쌍받침의 종류와 낱말의 예**

| ㄲ | 예 낚시, 깎다, 볶다, 묶다, 닦다 |
| ㅆ | 예 갔다, 샀다, 먹었다, 찼다, 했다 |

✏ 따라 써요!

| 쌍 | 받 | 침 |

기지개

뜻 피곤할 때에 몸을 쭉 펴고 팔다리를 뻗는 일.

예 나는 몸을 움츠렸다 펴면서 기지개를 켰어요.

✏ 따라 써요!

| 기 | 지 | 개 |

누가

뜻 어떤 사람이.

예 그림에 **누가** 나오는지 살펴보아요.

관련 어휘 | '누가'에 해당하는 말

- <u>오빠가</u> 걸어가요.
- <u>동생이</u> 문을 두드려요.

따라 써요!

누	가

누가 걸어가는지, 누가 문을 두드리는지 문장에서 찾아봐.

무엇을

뜻 어떤 것을.

예 누가 **무엇을** 하고 있는지 써 보아요.

관련 어휘 | '무엇을'에 해당하는 말

- 여우는 <u>자전거를</u> 타요.
- 어머니께서 <u>식탁을</u> 닦아요.

따라 써요!

무	엇	을

여우가 무엇을 타는지, 어머니께서는 무엇을 닦는지 문장에서 찾아봐.

 자주 틀리는 맞춤법

예문 | 장난감 그릇에 나뭇잎 반찬을 담아 **소꿉놀이**를 했어요.

🔔 아이들이 놀이할 때 쓰는 그릇 등의 장난감을 '소꿉'이라고 해.

다음 중 낱말의 뜻을 잘 알고 있는 것에 ✔ 하세요.

☐ 포함되다 ☐ 헤치다 ☐ 휘둥그레 ☐ 빌리다 ☐ 뒤집다

 낱말을 읽고,　　　　부분에 밑줄을 그으면서 낱말 공부를 해 보세요.

포함되다

뜻 어떤 테두리에 함께 들어가거나 함께 넣어지다.

예 복숭아와 사과는 과일에 포함되어요.

뜻이 비슷한 말 **속하다**

'속하다'는 어떤 것에 관계되어 그 테두리 안에 들어간다는 뜻이야. '포함되다'와 '속하다'는 뜻이 비슷해서 서로 바꾸어 쓸 수 있어.

따라 써요!

| 포 | 함 | 되 | 다 |

헤치다

뜻 앞을 가로막는 것을 뚫고 지나가다.

예 세찬 비바람을 헤치고 학교에 갔어요.

따라 써요!

| 헤 | 치 | 다 |

'헤치다'와 비슷한 말에는 장애물을 헤치고 간다는 뜻을 지닌 '뚫다'가 있어.

휘둥그레

뜻 놀라거나 두려워서 눈이 크고 둥그렇게 되는 모양.

예 강아지가 쓰러진 것을 본 동생이 눈을 휘둥그레 떴어요.

따라 써요!

| 휘 | 둥 | 그 | 레 |

빌리다

뜻 물건이나 돈 등을 나중에 돌려주기로 하고 얼마 동안 쓰다.

예 읽고 싶은 책을 빌리러 도서관에 갔어요.

 따라 써요!

| 빌 | 리 | 다 |

뒤집다

뜻 위가 밑으로 되고 밑이 위로 되게 하다.

예 카드를 뒤집어 자연스러운 문장을 만들었어요.

따라 써요!

| 뒤 | 집 | 다 |

 자주 틀리는 **맞춤법**

예문 **깍두기**와 함께 먹는 라면은 정말 맛있어요. '깍두기'는 [깍뚜기]라고 읽어.

✎ 120～121쪽에서 공부한 낱말을 떠올리며 문제를 풀어 보세요.

1 [243002-0143]
낱말의 뜻이 무엇인지 (　　) 안에서 알맞은 말을 골라 ○표 하세요.

(1) 일어나다 | 어떤 일이 (생기다 , 사라지다).

(2) 쌍받침 | 서로 (다른 , 같은) 두 개의 자음자가 겹쳐서 된 받침.

(3) 기지개 | 피곤할 때에 몸을 쭉 펴고 팔다리를 (뻗는 , 구부리는) 일.

2 [243002-0144]
빈칸에 들어갈 알맞은 낱말을 찾아 선으로 이으세요.

(1) "형이 축구를 한다."에서 '형이'는 '　　　'에 해당한다. ·

· ㉠ 누가

(2) "아이가 잠을 잔다."에서 '잠을'은 '　　　'에 해당한다. ·

· ㉡ 무엇을

3 [243002-0145]
밑줄 친 낱말을 알맞게 사용한 친구에게 ○표 하세요.

(1) '닭다'에는 쌍받침이 들어 있어.

(　　　)

(2) 나는 웃을 때마다 양 볼에 기지개가 생겨.

(　　　)

122~123쪽에서 공부한 낱말을 떠올리며 문제를 풀어 보세요.

[243002-0146]

4 뜻에 알맞은 낱말을 완성하세요.

(1) 앞을 가로막는 것을 뚫고 지나가다.

헤 ☐ 다

(2) 위가 밑으로 되고 밑이 위로 되게 하다.

뒤 ☐ 다

(3) 어떤 테두리에 함께 들어가거나 함께 넣어지다.

포 ☐ 되 다

(4) 물건이나 돈 등을 나중에 돌려주기로 하고 얼마 동안 쓰다.

☐ 리 다

[243002-0147]

5 휘둥그레진 얼굴 표정으로 알맞은 것에 ○표 하세요.

(1)

(   )

(2)

(   )

(3)

(   )

[243002-0148]

6 빈칸에 공통으로 들어갈 낱말을 찾아 ○표 하세요.

• 아버지가 은행에서 돈을 ☐.
• 도서관에 가서 읽을 책을 ☐.
• 필통을 집에 두고 와서 친구한테 연필을 ☐.

뒤집었다   빌렸다   포함되었다

3회 끝!
붙임딱지

다음 중 낱말의 뜻을 잘 알고 있는 것에 ✓ 하세요.

☐ 십~십구   ☐ 열~열아홉   ☐ 묶음   ☐ 낱개

우아, 맛있는 피자가 19조각이나 있네. 먼저 10부터 19까지 수를 세는 말을 공부해 볼까?

✏️ 낱말을 읽고,   부분에 밑줄을 그으면서 낱말 공부를 해 보세요.

십, 십일, 십이, 십삼, 십사, 십오, 십육, 십칠, 십팔, 십구

뜻

10	11	12	13	14	15	16	17	18	19
십	십일	십이	십삼	십사	십오	십육	십칠	십팔	십구

예 동생은 숫자판을 보고 "십, 십일, 십이, 십삼, 십사, 십오, 십육, 십칠, 십팔, 십구!"라고 읽었어요.

✏️ 따라 써요!

🐾 '구(9)'에 '일(1)'을 더한 수가 '십(10)'이야. '십'부터는 '두 자리 수'라고 해.

**열, 열하나,
열둘, 열셋,
열넷, 열다섯,
열여섯, 열일곱,
열여덟, 열아홉**

뜻	10	11	12	13	14	15	16	17	18	19
	열	열하나	열둘	열셋	열넷	열다섯	열여섯	열일곱	열여덟	열아홉

예 형은 사과의 개수를 "열, 열하나, 열둘, 열셋, 열넷, 열다섯, 열여섯, 열일곱, 열여덟, 열아홉!" 하고 세었어요.

따라 써요!

열	열	하	나	열	둘	
열	셋	열	넷	열	다	섯
열	여	섯	열	일	곱	
열	여	덟	열	아	홉	

묶음

뜻 한데 모아서 묶어 놓은 덩어리. 또는 그것을 세는 말.

예 귤이 10개씩 묶음 2개가 있어요.

따라 써요!

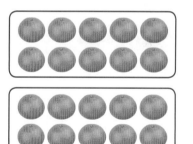

낱개

뜻 여럿 가운데 떨어져 있는 한 개 한 개.

예 사탕이 10개씩 묶음 1개와 낱개 3개가 있어요.

따라 써요!

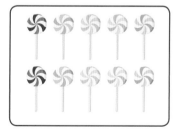

 ← 낱개

다음 중 낱말의 뜻을 잘 알고 있는 것에 ☑ 하세요.

☐ 이십~오십 ☐ 스물~쉰 ☐ 정도 ☐ 만큼 ☐ 부터

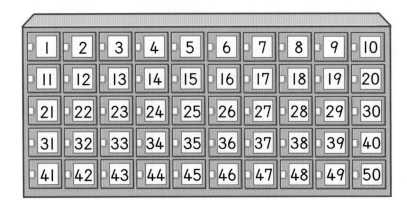

이 신발장을 이용하려면 50까지는 셀 수 있어야겠는걸. 19까지 세는 말은 배웠으니까 이번에는 20, 30, 40, 50을 세는 말을 공부해 보자!

✏️ 낱말을 읽고, ▢ 부분에 밑줄을 그으면서 낱말 공부를 해 보세요.

이십, 삼십, 사십, 오십

뜻

20	30	40	50
이십	삼십	사십	오십

예 10개씩 묶음이 2개면 이십, 3개면 삼십, 4개면 사십, 5개면 오십이에요.

✏️ 따라 써요!

 **이것만은 꼭!**

스물, 서른, 마흔, 쉰

뜻

20	30	40	50
스물	서른	마흔	쉰

예 10개씩 묶음이 2개면 스물, 3개면 서른, 4개면 마흔, 5개면 쉰이에요.

✏️ 따라 써요!

스물 서른 마흔 쉰

정도

뜻 앞에 나온 숫자와 비슷한 수량을 나타내는 말.

예 바둑돌의 수를 세어 보니 20개 정도 될 것 같아요.

이 바둑돌은 몇 개 정도일까?

따라 써요!

정	도

만큼

뜻 앞의 내용과 같은 양이나 정도임을 나타내는 말.

예 34보다 1만큼 더 큰 수는 35예요.

따라 써요!

만	큼

'만큼'과 뜻이 비슷한 말에는 '만치'가 있어.

부터

뜻 어떤 일이나 상태의 시작이나 처음을 나타내는 말.

예 1부터 30까지 세며 준비 운동을 하고 수영을 했어요.

관련 어휘 까지

'까지'는 어떤 일이나 상태의 끝을 나타내는 말이야. '부터' 뒤에 '까지'가 와서 함께 쓰여.

따라 써요!

부	터

✏️ 126~127쪽에서 공부한 낱말을 떠올리며 문제를 풀어 보세요.

1 [243002-0149]

낱말과 그 뜻을 알맞게 선으로 이으세요.

(1) 십 •

(2) 묶음 •

(3) 낱개 •

• ㉠ 한데 모아서 묶어 놓은 덩어리.

• ㉡ 구에 일을 더한 수로, 10이라고 씀.

• ㉢ 여럿 가운데 떨어져 있는 한 개 한 개.

2 [243002-0150]

보기의 숫자를 순서대로 읽으며 점을 이어 그림을 완성하세요.

보기
| 10 | 11 | 12 | 13 | 14 | 15 | 16 | 17 | 18 | 19 |

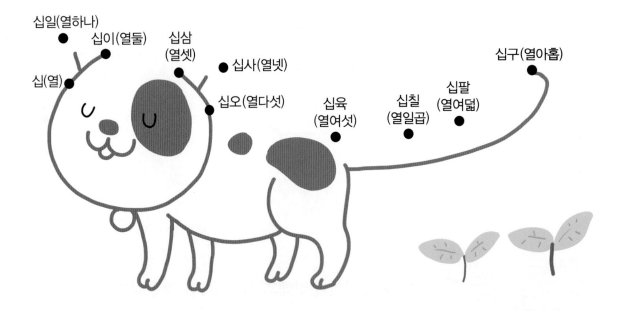

십일(열하나)
십이(열둘)
십삼(열셋)
십(열)
십사(열넷)
십오(열다섯)
십육(열여섯)
십칠(열일곱)
십팔(열여덟)
십구(열아홉)

3 [243002-0151]

그림을 보고 (   ) 안에서 알맞은 낱말을 골라 ○표 하세요.

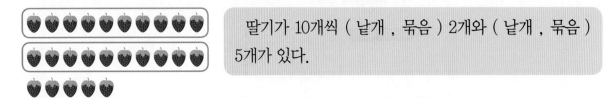

딸기가 10개씩 (낱개 , 묶음) 2개와 (낱개 , 묶음) 5개가 있다.

128∼129쪽에서 공부한 낱말을 떠올리며 문제를 풀어 보세요.

4
주차

1회
2회
3회
4회
5회

[243002-0152]

4 숫자에 알맞은 낱말을 보기 에서 두 개씩 찾아 쓰세요.

보기

쉰	마흔	사십	삼십	서른	스물	오십	이십

(1) 20	(2) 30	(3) 40	(4) 50

[243002-0153]

5 문장에 어울리는 낱말을 ( ) 안에서 골라 ○표 하세요.

(1)
개미집에 개미가 50마리 (부터 , 정도) 있는 것 같다.

(2)
15(부터 , 까지) 20(부터 , 까지)의 수를 순서대로 말해 봐.

[243002-0154]

6 밑줄 친 낱말의 쓰임이 알맞으면 ○표, 알맞지 <u>않으면</u> ✕표 하세요.

(1)

옥수수가 <u>스무</u> 개 있다.

(   )

(2)
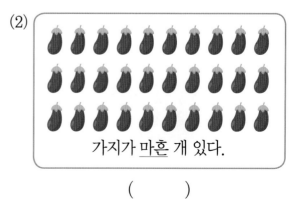
가지가 <u>마흔</u> 개 있다.

(   )

4회 끝!
붙임딱지

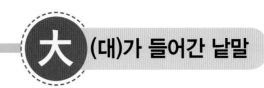
大 (대)가 들어간 낱말

모양	뜻	음
大	크다	대

'대(大)'는 양팔을 크게 벌리고 서 있는 사람의 모습을 본떠 만든 글자야. '대(大)'는 '크다'를 뜻해.

✏️ '大(대)'가 들어간 낱말을 읽고, ▢▢▢ 부분에 밑줄을 그으면서 낱말 공부를 해 보세요.

대문 大 門
큰 대 | 문 문

뜻 주로 집의 앞쪽에 있어 사람들이 드나드는 큰 문.

예 누가 대문을 두드렸어요.

대상 大 賞
큰 대 | 상줄 상

뜻 여러 가지 상 가운데 가장 큰 상.

예 그림 그리기 대회에서 대상을 받았어요.

어린이 미술 대회

대장부 大 丈 夫
큰 대 | 어른 장 | 사내 부

👉 '夫(부)'의 대표 뜻은 '남편'이야.

뜻 튼튼하고 씩씩한 남자.

예 내 동생은 대장부처럼 씩씩해요.

대회 大 會
큰 대 | 모일 회

뜻 여럿이 모여서 실력이나 솜씨를 겨루는 큰 행사.

예 나는 태권도 대회에 나갔어요.

正 (정)이 들어간 낱말

모양	뜻	음
正	바르다	정

'정(正)'은 성을 향해 바르게 걸어가는 발의 모습을 본떠 만든 글자야. '정(正)'은 '바르다'를 뜻해.

 '正(정)'이 들어간 낱말을 읽고, ░░░░░ 부분에 밑줄을 그으면서 낱말 공부를 해 보세요.

정직　正 바를 정　直 곧을 직

뜻 거짓 없이 바르고 곧음.

예 부모님께서는 정직이 무척 중요하다고 하셨어요.

정직

공정　公 공평할 공　正 바를 정

뜻 어느 한쪽으로 치우치지 않고 바름.

예 이번 회장 선거는 공정한 선거였어요.

투표
공정 선거

부정　不 아닐 부　正 바를 정

뜻 바르지 않음.

예 받아쓰기 시험을 볼 때 부정한 행동을 하면 안 돼요.

지아가 쓴 것을 몰래 봐야지.

정답　正 바를 정　答 대답할 답

뜻 맞는 답.

예 문제의 정답을 다 맞혀서 100점을 받았어요.

뜻이 반대되는 말 오답

'오답'은 틀린 답을 뜻해. '정답'과 '오답'은 뜻이 서로 반대되는 낱말이야.

✏️ 132쪽에서 공부한 낱말을 떠올리며 문제를 풀어 보세요.

1 [243002-0155]
뜻에 알맞은 낱말을 완성하세요.

(1)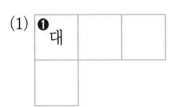

> 가로➊ 튼튼하고 씩씩한 남자.
> 세로➊ 주로 집의 앞쪽에 있어 사람들이 드나드는 큰 문.

(2)

> 가로➊ 여러 가지 상 가운데 가장 큰 상.
> 세로➊ 여럿이 모여서 실력이나 솜씨를 겨루는 큰 행사.

2 [243002-0156]
사진에서 '대문'을 찾아 기호를 쓰세요.

(   )

3 [243002-0157]
그림을 보고 문장에 어울리는 낱말을 ( ) 안에서 골라 ○표 하세요.

피아노 연주 (대문 , 대회)에 나가 (대상 , 대장)을 받아서 행복했다.

✏️ 133쪽에서 공부한 낱말을 떠올리며 문제를 풀어 보세요.

4 [243002-0158]
뜻에 알맞은 낱말을 찾아 색칠해 보고, 어떤 자음자가 나타나는지 쓰세요.

❶ 맞는 답.
❷ 바르지 않음.
❸ 거짓 없이 바르고 곧음.
❹ 어느 한쪽으로 치우치지 않고 바름.

정직				
긍정	부정	보정	공정	고정
정답				

(   )

5 [243002-0159]
빈칸에 들어갈 알맞은 낱말을 보기에서 찾아 쓰세요.

보기
정직   정답

(1) 이번 문제의 [   ] 은 한채민 학생이 맞혔다.

(2) 양치기 소년은 앞으로 거짓말을 하지 않고 [   ] 하게 살기로 다짐했다.

6 [243002-0160]
밑줄 친 낱말을 알맞게 사용한 친구에게 ○표 하세요.

(1)

운동 경기를 할 때
<u>부정</u>한 방법을 쓰면 안 돼.
(   )

(2)

맞아. <u>부정</u>한
경기를 치러야 해.
(   )

4주차에서 공부한 낱말을 떠올리며 문제를 풀어 보세요.

낱말 뜻

1 ~ 2 뜻에 알맞은 낱말을 보기 에서 찾아 쓰세요.

보기
> 빌리다   상상하다   일어나다

1 [243002-0161]

어떤 일이 생기다.   (   )

2 [243002-0162]

실제로 없거나 보이지 않는 것을 머릿속에 떠올리다.   (   )

낱말 뜻

3 ~ 4 낱말의 뜻이 무엇인지 (   ) 안에서 알맞은 말을 골라 ○표 하세요.

3 [243002-0163]

요청하다   어떤 일을 해 달라고 (부탁하다 , 짜증 내다).

4 [243002-0164]

휘둥그레   놀라거나 두려워서 (입 , 눈)이 크고 둥그렇게 되는 모양.

뜻이 반대되는 말

5 [243002-0165]

뜻이 반대되는 말끼리 짝 지어진 것은 무엇인가요? (   )

① 짝─짝꿍   ② 세상─세계   ③ 만큼─만치

④ 정답─오답   ⑤ 스물─이십

6 [243002-0166]

밑줄 친 낱말과 뜻이 비슷하여 바꾸어 쓸 수 있는 말은 무엇인가요? (　　　)

거센 파도를 <u>헤치고</u> 배가 앞으로 나아갔다.

① 열고　　　　　　② 뚫고　　　　　　③ 뒤집고
④ 빌리고　　　　　⑤ 기다리고

7 [243002-0167]

다른 낱말을 모두 포함하는 낱말을 골라 ○표 하세요.

쉼표　　　마침표　　　물음표　　　느낌표　　　문장 부호

8 [243002-0168]

빈칸에 공통으로 들어갈 말은 무엇인가요? (　　　)

- ☐상: 여러 가지 상 가운데 가장 큰 상.
- ☐문: 주로 집의 앞쪽에 있어 사람들이 드나드는 큰 문.

① 가　　　② 대　　　③ 소　　　④ 쪽　　　⑤ 창

9 [243002-0169]

밑줄 친 낱말을 바르게 사용한 친구에게 ○표 하세요.

(1)
강아지는 병이 다 나아서 지금 <u>위급해</u>.
(　　　)

(2)
'없다'에는 <u>쌍받침</u>이 들어 있어.
(　　　)

(3)
과자를 <u>묶음</u>으로 샀더니 너무 많아.
(　　　)

낱말 활용

10 ~ 12 빈칸에 들어갈 알맞은 낱말을 **보기**에서 찾아 쓰세요.

> **보기**
>
> 느낌   탐험   까닭

10 [243002-0170]
우주선을 타고 [   ] 을 떠나는 꿈을 꿨다.

11 [243002-0171]
친구가 왜 화를 내는지 [   ] 을 알고 싶다.

12 [243002-0172]
맛있는 것을 먹을 때면 행복하다는 [   ] 이 든다.

낱말 활용

13 ~ 15 빈칸에 들어갈 알맞은 낱말을 찾아 선으로 이으세요.

13 [243002-0173]

책을 [   ] 잘 읽는다고 칭찬을 받았다.   •

• ㉠   부터

14 [243002-0174]

집에 도둑이 들었다고 경찰서에 [   ] 했다.   •

• ㉡   또박또박

15 [243002-0175]

우리 집 [   ] 학교까지는 걸어서 10분이 걸린다.   •

• ㉢   신고

찾아보기

『어휘가 문해력이다』 초등 1학년 1학기에 수록된 어휘를
과목별로 나누어 ㄱ, ㄴ, ㄷ … 순서로 정리했습니다.

과목별로 뜻이 궁금한 어휘를 바로바로 찾아보세요!

학교·사람들·우리나라·탐험 교과서 어휘

수학 교과서 어휘

한자 어휘

사진 자료 출처

• 게티이미지뱅크

1 주차 어휘 학습 점검

초등 1학년 1학기

1주차에서 학습한 어휘를 잘 알고 있는지 ☑ 해 보고,
잘 모르는 어휘는 해당 쪽으로 가서 다시 한번 확인해 보세요.

2 주차 어휘 학습 점검

2주차에서 학습한 어휘를 잘 알고 있는지 ☑ 해 보고,
잘 모르는 어휘는 해당 쪽으로 가서 다시 한번 확인해 보세요.

국어

☐ 받침	44	☐ 곧다 ········ 46
☐ 다르다	44	☐ 벌리다 ········ 46
☐ 넣다	44	☐ 어깨너비 ········ 46
☐ 자기소개	45	☐ 등받이 ········ 47
☐ 정리하다	45	☐ 가지런히 ········ 47

사람들

☐ 주변	50	☐ 고민 ········ 52
☐ 만나다	50	☐ 해결하다 ········ 52
☐ 가족	51	☐ 생각나다 ········ 53
☐ 이웃	51	☐ 정답다 ········ 53
☐ 친척	51	☐ 도와주다 ········ 53

국어

☐ 겪다	56	☐ 기분 ········ 58
☐ 좋아하다	56	☐ 차이 ········ 58
☐ 표현하다	56	☐ 이기다 ········ 58
☐ 어울리다	57	☐ 쌍기역 ········ 59
☐ 돌다리	57	☐ 움직이다 ········ 59

수학

☐ 모으기	62	☐ 빼기 ········ 64
☐ 가르기	62	☐ 남다 ········ 64
☐ 더하기	63	☐ 뺄셈식 ········ 65
☐ 마리	63	☐ 따다 ········ 65
☐ 덧셈식	63	☐ 더 ········ 65

한자

☐ 인사	68	☐ 안내 ········ 69
☐ 주인	68	☐ 실내 ········ 69
☐ 노인	68	☐ 내복 ········ 69
☐ 인심	68	☐ 내외 ········ 69

새 교육과정 반영

문·해·력·은 **EBS**

당신의 문해력

초등

어휘가 문해력이다

초등 1학년 1학기

교과서 어휘 완성

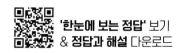
'한눈에 보는 정답' 보기
& 정답과 해설 다운로드

정답과 해설

1주차 1회 확인 문제
16~17쪽

1

2 모 음 자

3 (1) 자음자　(2) 출발

4 (1) ㉠　(2) ㉢　(3) ㉡

5 왼쪽

6 (1) ○　(2) ○　(3) ×

1주차 2회 확인 문제
22~23쪽

1 (1) 급 식　(2) 교 실
(3) 학 교　(4) 안 전 하 다

2 학교, 입학

3 (1) ㉡　(2) ㉠

4 (1) ㉢　(2) ㉠　(3) ㉡

5 동무

6 민지

1주차 3회 확인 문제
28~29쪽

1 (1) 정 확 하 다
(2) 서 로
(3) 완 성 하 다
(4) 만 들 다

2 ㄷ, ㄸ

4
❹바	위	❷잡	다
르	낱	친	구
다	❶자	세	❸쓰
용	서	읽	다

3 (1) 서로　(2) 만들었어

5 잡고, 썼다

6 (1) 알맞다　(2) 바르다

1주차 4회 확인 문제
34~35쪽

1 (1) 0·넷 1·셋 2·영 3·둘 4·하나
(2) 5·아홉 6·여덟 7·다섯 8·여섯 9·일곱

2 (1) 다섯　(2) 일곱　(3) 여덟　(4) 아홉

3 (1) 위　(2) 첫째

4 (1)
❶모	양
습	

(2)
	❷쌍
❶같	다

5 (2) ○　(3) ○

6 (1) ㉡　(2) ㉠

1주차 5회 확인 문제
38~39쪽

1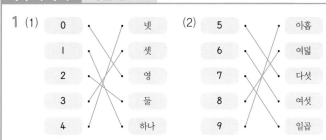

2 (1) 내일
(2) 종일
(3) 매일

4 (1) 교가
(2) 교장
(3) 등교

3

1주차 어휘력 테스트
40~42쪽

1 잡다　**2** 쌓다　**3** 쓰지 않은　**4** 없다　**5** ①, ⑤　**6** 아래　**7** 출발　**8** ③

9 (2) ○　**10** 모양　**11** 이름　**12** 내일　**13** ㉢　**14** ㉡　**15** ㉠

1 (1) 다 르 다 (2) 넣 다 (3) 정 리 하 다 (4) 자 기 소 개

2 (1) ㅊ (2) ㅁ (3) ㅇ

3 (1) 다르다 (2) 받침

5 (3) ◯

6 (1) ◯ (2) ◯ (3) ×

4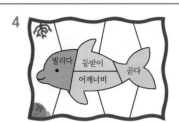

---

1 (1) 외 국 이 옷 (2) 친 척 짝 꿍 (3) 동 가 족 무

2 (1) 주위 (2) 식구

3 (1) ◯

4 (1) 정 (2) 잘 (3) 떠오르다 (4) 괴로워하는

5 소윤

6 (1) 정다운 (2) 고민

---

1 (1) 당하거나 (2) 맞아 (3) 나타내다

2 (3) ×

3 (2) ◯

4 (1) 차이 (2) 기분 (3) 이기다

5 쌍 기 역

6 (1) 이기고 (2) 움직이면서

---

1 (1) 가 르 기 (2) 모 으 기 (3) 더 하 기 (4) 덧 셈 식

2 (1) 마리 (2) 명

3 합

5 더

6 (1) ㉡ (2) ㉠

4

1

2 (1) 주인 (2) 인사

3 (열기구 그림)

4 ②, ⑤

5 (1) 실 내 (2) 안 내 (3) 내 복

---

1 (1) 도와주다 (2) 어울리다 (3) 곧다

2 만나다

3 움직이다

4 ④, ⑤

5 사이좋게

6 ②

7 할아버지, 삼촌

8 ②

9 (3) ◯

10 ㉡

11 ㉠

12 ㉢

13 명

14 인사

15 차이

1 (1) ⓒ (2) ⓛ (3) ⓐ

2 (1) 카드 (2) 공원

3 짚어, 익힐

4

❷함	께	혼	자
❹주	인	공	❶외
❸동	음	악	치
네	친	구	다

5 인물

6 (1) 함께 (2) 동네 (3) 주인공

1

편	❸애	국	가
지	도	❶태	수
❷화	한	극	장
폐	글	기	미

2 (1) 꽃 (2) 글자

3 (1) 애국가 (2) 화폐 (3) 한글

4 (1) ⓛ (2) ⓒ (3) ⓐ

5 (1) 한 옥 (2) 한 복

6 (1) 문양 (2) 한옥 (3) 음식

1 (1) 반대 (2) 인정

2 (1) ⓒ (2) ⓐ

3 (1) 인사말 (2) 생각

4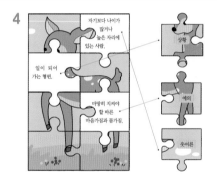

5 (1) 헤어질 (2) 예의 (3) 마음가짐

1 (1) 길이 (2) 무게 (3) 양

2 (1) 길다 (2) 무겁다

3 길이, 무게

4 (1) 높이 (2) 넓이

5 (1) ⓛ (2) ⓒ (3) ⓐ

6 (1) 많다 (2) 넓다 (3) 높다

1

남매 / 남아 / 장남 / 남녀

2

3 남매

4 (1)

❶입	국
구	

(2)

❶출	❷입
	수

5 ⓒ

6 (1) 출 입 (2) 입 구 (3) 입 수

1 (1) ⓒ (2) ⓐ (3) ⓛ

2 크게

3 흩어지다

4 짧다

5 적다

6 ②

7 ③

8 몸

9 음식

10 ①

11 (2) ◯

12 예의

13 익혔다

14 입구

15 외쳤다

1

2 (1) 떠올랐다   (2) 또박또박   (3) 띄어 읽기

3 (1) ㉢   (2) ㉠   (3) ㉤

4 (1) 쉼표   (2) 마침표   (3) 물음표   (4) 느낌표

5 (1) ✕   (2) ○   (3) ○

1 (1)   (2)

2 탐험가

3 (2) ○

4 (1)    (2) [응][급]

5 (1) 요청   (2) 신고

6 (1) 응급   (2) 발생한

1 (1) 생기다   (2) 같은   (3) 뻗는   **2** (1) ㉠   (2) ㉤   **3** (1) ○

4 (1) [헤][치][다]   (2) [뒤][집][다]   (3) [포][함][되][다]   (4) [빌][리][다]

5 (3) ○   **6** 빌렸다

1 (1) ㉤   (2) ㉠   (3) ㉢

2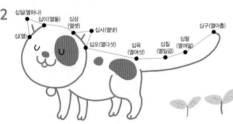

3 묶음, 낱개

4

	(1) 20	(2) 30	(3) 40	(4) 50
	이십	삼십	사십	오십
	스물	서른	마흔	쉰

5 (1) 정도   (2) 부터, 까지

6 (1) ○   (2) ✕

1 (1)    (2)

2 ㉤

3 대회, 대상

4

                           (ㅍ)

5 (1) [정][답]   (2) [정][직]

6 (1) ○

1 일어나다   **2** 상상하다   **3** 부탁하다   **4** 눈   **5** ④   **6** ②   **7** 문장 부호

8 ②   **9** (3) ○   **10** 탐험   **11** 까닭   **12** 느낌   **13** ㉤   **14** ㉢   **15** ㉠

1

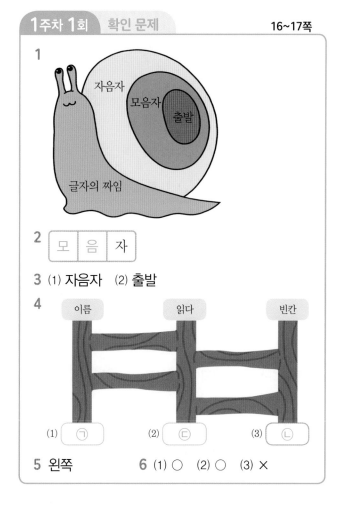

자음자
모음자
출발
글자의 짜임

2 모 음 자

3 (1) 자음자　(2) 출발

4

이름　　　읽다　　　빈칸

(1) ㉠　　　(2) ㉢　　　(3) ㉡

5 왼쪽

6 (1) ○　(2) ○　(3) ✕

---

1 어떤 곳에 가려고 길을 떠나는 것은 '출발'의 뜻이고, 자음자와 모음자가 모여 글자가 만들어진 상태는 '글자의 짜임'의 뜻입니다. 'ㅏ, ㅑ, ㅓ ……' 같은 모양의 글자는 '모음자'의 뜻이고, 'ㄱ, ㄴ, ㄷ ……' 같은 모양의 글자는 '자음자'의 뜻입니다.

2 '구두'에는 모음자 'ㅜ(우)'가 두 개 들어 있습니다.

3 (1) 'ㄹ'은 자음자입니다.
(2) 놀이공원에 가려면 집에서 길을 떠나야 하므로 '출발'이 알맞습니다.

4 '이름'은 다른 것과 구별하기 위해 동물이나 물건, 장소 등에 붙여서 부르는 말을 뜻합니다. '읽다'는 글이나 글자를 보고 소리 내어 말로 나타낸다는 뜻입니다. '빈칸'은 아무것도 쓰지 않은 칸을 뜻합니다.

5 북쪽을 바라보고 있을 때 동쪽과 같은 쪽인 '오른쪽'과 뜻이 반대되는 낱말은 '왼쪽'입니다.

6 (3) '살펴보다'는 어떤 것을 자세히 본다는 뜻입니다. 따라서 눈을 감고 바닷속 풍경을 살펴볼 수는 없으므로 쓰임이 알맞지 않습니다.

---

1 (1) 급 식　　(2) 교 실
(3) 학 교　　(4) 안 전 하 다

2 학교, 입학　　**3** (1) ㉡　(2) ㉠

4

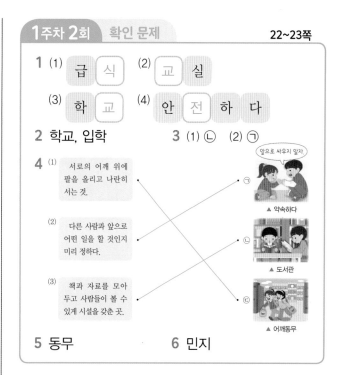

(1) 서로의 어깨 위에 팔을 올리고 나란히 서는 것.
(2) 다른 사람과 앞으로 어떤 일을 할 것인지 미리 정하다.
(3) 책과 자료를 모아 두고 사람들이 볼 수 있게 시설을 갖춘 곳.

앞으로 싸우지 말자
▲ 약속하다
▲ 도서관
▲ 어깨동무

5 동무　　　　**6** 민지

---

1 (1) 학교에서 주는 식사는 '급식'의 뜻입니다.
(2) 유치원이나 학교에서 선생님이 학생들을 가르치는 방은 '교실'의 뜻입니다.
(3) 시설을 갖추고 선생님이 학생들을 가르치는 곳은 '학교'의 뜻입니다.
(4) 사고가 나거나 다칠 위험이 없다는 것은 '안전하다'의 뜻입니다.

2 1학년이 된 동생이 가는 곳은 '학교'가 알맞고, 학생이 되어 공부를 하기 위해 학교에 들어가는 것이므로 '입학'이 알맞습니다.

3 (1) 학교에서 먹으려고 줄을 섰다고 했으므로 '급식'이 알맞습니다.
(2) 학교에서 물건을 넣어 두는 사물함이 있는 곳은 '교실'입니다.

4 (1) 서로의 어깨 위에 팔을 올리고 나란히 서는 것은 '어깨동무'의 뜻입니다.
(2) 다른 사람과 앞으로 어떤 일을 할 것인지 미리 정하는 것은 '약속하다'의 뜻입니다.
(3) 책과 자료를 모아 두고 사람들이 볼 수 있게 시설을 갖춘 곳은 '도서관'의 뜻입니다.

5 사이가 가까워 서로 친하게 지내는 사람을 뜻하는 '친구'와 뜻이 비슷한 낱말은 '동무'입니다.

6 학교에서 책을 읽거나 빌릴 수 있는 곳은 '도서관'입니다. '보건실'은 학교에서 아프거나 다친 사람을 치료하는 곳입니다.

1 (1) | 정 | 확 | 하 | 다 | (2) | 서 | 로 |

(3) | 완 | 성 | 하 | 다 | (4) | 만 | 들 | 다 |

2 ㄷ, ㅛ

3 (1) 서로 (2) 만들었어

4

❹바	위	❷잡	다
르	낱	친	구
다	❶자	세	❸쓰
용	서	읽	다

5 잡고, 썼다   **6** (1) 알맞다 (2) 바르다

1 (1) 바르고 확실하다는 '정확하다'의 뜻입니다.
(2) '짝을 이루는 상대와 함께'는 '서로'의 뜻입니다.
(3) 완전하게 일을 다 이루는 것은 '완성하다'의 뜻입니다.
(4) 힘이나 재료를 써서 어떤 것이 생기게 하는 것은 '만들다'의 뜻입니다.

2 '낱자'는 'ㄷ'과 같은 자음자와 'ㅛ'와 같은 모음자를 뜻합니다.

3 (1) 우리가 힘을 합친다고 했으므로 알맞은 말은 '서로'입니다.
(2) 자음자 카드 'ㅅ'과 모음자 카드 'ㅏ'로 '사'를 만들 수 있습니다.

4 ❶ 몸을 움직이는 모양은 '자세'의 뜻입니다.
❷ 손으로 쥐고 놓지 않는 것은 '잡다'의 뜻입니다.
❸ 연필, 볼펜, 붓 등으로 글자를 적는 것은 '쓰다'의 뜻입니다.
❹ 기울어지거나 비뚤어지지 않고 곧거나 반듯하다는 것은 '바르다'의 뜻입니다.

5 그림은 연필을 손으로 쥐고 글자를 적는 모습이므로 '잡고'와 '썼다'가 알맞습니다.

6 (1) 물의 온도가 목욕하기에 넘치거나 모자라지 않고 꼭 맞다는 말이므로 '알맞다'가 알맞습니다.
(2) 선생님 말씀을 듣는 자세를 말한 것이므로 '바르다'가 알맞습니다.

1

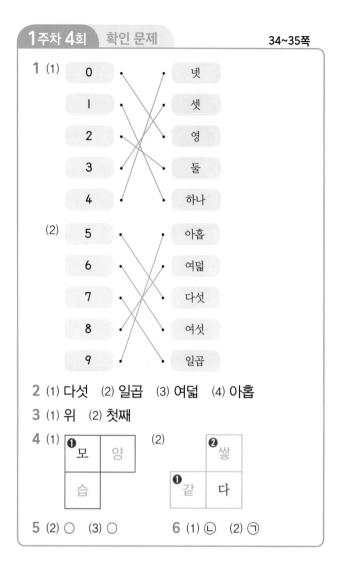

(1)
0 — 셋
1 — 영
2 — 넷
3 — 하나
4 — 둘

(2)
5 — 여덟
6 — 다섯
7 — 아홉
8 — 일곱
9 — 여섯

2 (1) 다섯 (2) 일곱 (3) 여덟 (4) 아홉

3 (1) 위 (2) 첫째

4 (1)

❶모	양
습	

(2)

	❷쌀
❶같	다

5 (2) ○ (3) ○   **6** (1) ㉡ (2) ㉠

2 (1) 종이비행기의 수는 '다섯'입니다.
(2) 컵의 수는 '일곱'입니다.
(3) 사과의 수는 '여덟'입니다.
(4) 사탕의 수는 '아홉'입니다.

3 (1) 분홍색 책의 순서는 위에서 둘째이고, 아래에서 여덟째입니다.
(2) 보라색 책의 순서는 아래에서 첫째이고, 위에서 아홉째입니다.

4 (1) 겉으로 보이는 생김새나 모습은 '모양'의 뜻이고, '모양'과 뜻이 비슷한 말은 '모습'입니다.
(2) 서로 다르지 않다는 것은 '같다'의 뜻이고, 여러 개의 물건을 놓인 것 위에 또 놓는 것은 '쌓다'의 뜻입니다.

5 둥근 모양의 물건은 (2) 축구공, (3) 튜브입니다.
(1) 책, (4) 주사위는 상자 모양입니다.

6 (1) 책은 평평해서 위로 높이 쌓을 수 있습니다.
(2) 공은 둥글어서 아래로 굴릴 수 있습니다.

1

2 (1) 내일   (2) 종일   (3) 매일

3

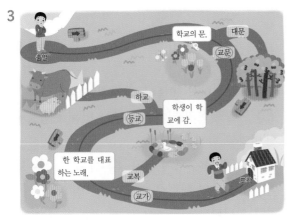

4 (1) 교가   (2) 교장   (3) 등교

1 '하루 내내'는 '종일'의 뜻입니다. 사람이 태어난 날은 '생일'의 뜻입니다. 오늘의 바로 다음 날은 '내일'의 뜻입니다. '하루도 빠짐없이'는 '매일'의 뜻입니다.

2 (1) 생일은 그날 하루 동안이기 때문에 '내일'이 알맞습니다.
(2) 비가 내린 것은 이미 일어난 일이므로 '종일'이 알맞습니다.
(3) '종일'은 '하루 내내'를 뜻하므로 아침과 어울리는 말이 아닙니다.

3 학교의 문을 '교문'이라고 합니다. 학생이 학교에 가는 것을 '등교'라고 합니다. 한 학교를 대표하는 노래를 '교가'라고 합니다.

4 (1) 피아노 반주에 맞추어 불렀다고 했으므로 '교가'가 알맞습니다.
(2) 우리 학교에서 친절하신 분을 말한 것이므로 '교장'이 알맞습니다.
(3) 감기 때문에 학교에 가지 못했다는 뜻이므로 '등교'가 알맞습니다.

1 잡다	**2** 쌓다	**3** 쓰지 않은
4 없다	**5** ①, ⑤	**6** 아래
7 출발	**8** ③	**9** (2) ○
10 모양	**11** 이름	**12** 내일
13 ㉢	**14** ㉡	**15** ㉠

1 '쓰다'는 연필, 볼펜, 붓 등으로 글자를 적는다는 뜻입니다.

3 '빈칸'은 아무것도 쓰지 않은 칸을 뜻합니다.

4 '안전하다'는 사고가 나거나 다칠 위험이 없다는 뜻입니다.

5 값이 없는 수를 뜻하는 '영(0)'과 '공', 사이가 가까워 서로 친하게 지내는 사람을 뜻하는 '친구'와 '동무'는 뜻이 비슷한 말입니다. '등교'와 '하교', '오른쪽'과 '왼쪽', '입학'과 '졸업'은 뜻이 서로 반대되는 말입니다.

6 어떤 기준보다 더 높은 부분을 뜻하는 '위'와 뜻이 반대되는 말은 어떤 기준보다 더 낮은 부분을 뜻하는 '아래'입니다.

7 가려는 곳에 다다르는 것을 뜻하는 '도착'과 뜻이 반대되는 말은 어떤 곳에 가려고 길을 떠나는 것을 뜻하는 '출발'입니다.

8 빈칸에는 '학교'를 뜻하는 글자인 '교'가 들어가야 합니다.

9 자음자 'ㄱ'의 이름은 '기윽'이 아니라 '기역'이고, 자음자 'ㅅ'의 이름은 '시웃'이 아니라 '시옷'입니다.

10 축구공과 야구공이 같다고 했으므로 겉으로 보이는 생김새나 모습을 뜻하는 '모양'이 알맞습니다.

11 다른 강아지와 구별하기 위해 '복실이'라고 붙여 준 것이므로 '이름'이 알맞습니다.

12 오늘의 바로 다음 날을 '내일'이라고 합니다.

13 그림을 완전하게 다 그렸다는 말이므로 '완성'이 알맞습니다.

14 앞으로 친구를 괴롭히지 않겠다고 정한 것이므로 '약속'이 알맞습니다.

15 엄마와 아빠가 함께 집 안 청소를 하셨다는 말이므로 '서로'가 알맞습니다.

1
주차

1 (1) | 다 | 르 | 다 | (2) | 넣 | 다 |

(3) | 정 | 리 | 하 | 다 |

(4) | 자 | 기 | 소 | 개 |

2 (1) ㅊ   (2) ㅁ   (3) ㅇ   3 (1) 다르다 (2) 받침

4

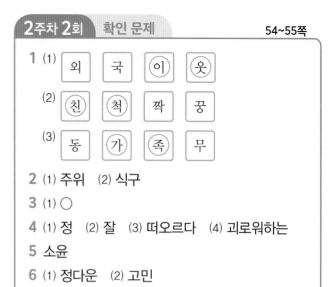

벌리다 등받이 곧다 어깨너비

5 (3) ○   6 (1) ○ (2) ○ (3) ×

1 (1) 두 개의 대상이 서로 같지 않다는 것은 '다르다'의 뜻입니다.

(2) 무늬나 글자 등을 안에 들어가게 하는 것은 '넣다'의 뜻입니다.

(3) 종류에 따라 짜임새 있게 나누거나 모으는 것은 '정리하다'의 뜻입니다.

(4) 처음 만난 사람에게 자기의 이름, 나이, 취미 등을 말하는 것은 '자기소개'의 뜻입니다.

2 (1) 낱말 '꽃'에는 받침 'ㅊ'이 쓰였습니다.

(2) 낱말 '구름'에는 받침 'ㅁ'이 쓰였습니다.

(3) 낱말 '호랑이'에는 받침 'ㅇ'이 쓰였습니다.

3 (1) 더운 날씨와 추운 날씨에 따라 입는 옷이 같지 않다는 말이므로 '다르다'가 알맞습니다.

(2) 낱말 '기차'와 '무지개'에 쓰이지 않은 것은 '받침'입니다.

4 양쪽의 두 어깨 사이의 거리는 '어깨너비'의 뜻입니다. 구부러지거나 비뚤어지지 않고 똑바른 것은 '곧다'의 뜻입니다. 서로 가까이 있는 둘 사이를 떼어서 넓히는 것은 '벌리다'의 뜻입니다. 등을 기댈 수 있는 의자의 부분은 '등받이'의 뜻입니다.

5 양쪽의 두 어깨 사이의 거리만큼 다리를 벌린 친구는 (3)입니다.

6 허리가 곧아서 지팡이를 짚는다는 것은 어색하므로 (3)은 쓰임이 알맞지 않습니다.

1 (1) | 외 | 국 | 이 | 웃 |

(2) | 친 | 척 | 짝 | 꿍 |

(3) | 동 | 가 | 족 | 무 |

2 (1) 주위 (2) 식구

3 (1) ○

4 (1) 정 (2) 잘 (3) 떠오르다 (4) 괴로워하는

5 소윤

6 (1) 정다운 (2) 고민

1 (1) 가까이 있는 집. 또는 그 집에 사는 사람을 '이웃'이라고 합니다.

(2) 아빠, 엄마와 핏줄이 같은 가까운 사람들. 또는 결혼으로 맺어진 가까운 관계에 있는 사람들을 '친척'이라고 합니다.

(3) 주로 한집에 모여 살고 결혼한 부부나 부모, 자식, 형제 등의 관계로 이루어진 사람들을 '가족'이라고 합니다.

2 (1) '주변'과 뜻이 비슷한 말은 '주위'입니다.

(2) '가족'과 뜻이 비슷한 말은 '식구'입니다.

3 (2) 엄마, 아빠, 나, 이렇게 세 명이라고 했으므로 '가족'이라는 낱말로 바꾸어 말해야 알맞습니다.

4 (1) '정답다'는 따뜻한 정이 있다는 뜻입니다.

(2) '해결하다'는 어려운 일이나 문제를 잘 처리한다는 뜻입니다.

(3) '생각나다'는 어떤 사람이나 기억이 떠오른다는 뜻입니다.

(4) '고민'은 무슨 일 때문에 마음속으로 괴로워하는 것을 뜻합니다.

5 '도와주다'는 남한테 도움을 준다는 뜻이므로, 친구를 도와주는 소윤이의 행동이 뜻에 어울립니다.

6 (1) 마을에서 이웃을 만나 기쁘다고 했으므로 어울리는 말은 '정다운'입니다.

(2) 동생이 내 말을 안 듣는 것과 어울리는 말은 '고민'입니다.

1 (1) 당하거나 (2) 맞아 (3) 나타내다

2 (3) ✕

3 (2) ○

4

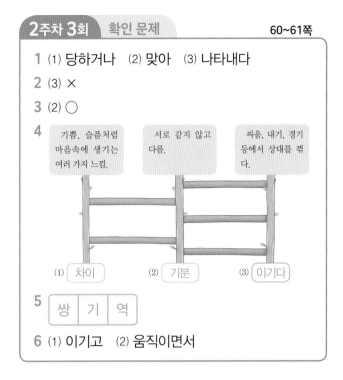

| 기쁨, 슬픔처럼 마음속에 생기는 여러 가지 느낌. | 서로 같지 않고 다름. | 싸움, 내기, 경기 등에서 상대를 꺾다. |

(1) 차이 (2) 기분 (3) 이기다

5

| 쌍 | 기 | 역 |

6 (1) 이기고 (2) 움직이면서

1 (1)

| 가 | 르 | 기 |

(2)

| 모 | 으 | 기 |

(3)

| 더 | 하 | 기 |

(4)

| 덧 | 셈 | 식 |

2 (1) 마리 (2) 명

3 합

4

❶빼	덧	구	멍
셈	셈	구	❹따
식	식	단	다
❷남	다	❸빼	기

5 더

6 (1) ㉡ (2) ㉠

1 (1) '겪다'는 어떤 일을 당하거나 치른다는 뜻입니다.
(2) '어울리다'는 다른 것과 잘 맞아 보기가 좋다는 뜻입니다.
(3) '표현하다'는 느낌이나 생각을 말, 글, 몸짓 등으로 나타낸다는 뜻입니다.

2 '돌다리'는 '돌'과 '다리'가 합해진 말로, 돌로 만든 다리를 뜻합니다. '책가방'은 '책'과 '가방'이, '종이컵'은 '종이'와 '컵'이, '손거울'은 '손'과 '거울'이 합해진 말입니다. '토마토'는 하나의 낱말로 이루어진 낱말입니다.

3 (1) "나는 시금치를 싫어해서 먹지 않아."라고 말하는 것이 알맞습니다.

4 기쁨, 슬픔처럼 마음속에 생기는 여러 가지 느낌은 '기분'의 뜻입니다. 서로 같지 않고 다름을 뜻하는 낱말은 '차이'입니다. 싸움, 내기, 경기 등에서 상대를 꺾는 것은 '이기다'의 뜻입니다.

5 'ㄲ'의 이름은 '쌍기역'입니다.

6 (1) 우리나라 팀이 우승을 했다고 했으므로 '이기고'가 알맞습니다.
(2) 지렁이가 꿈틀꿈틀 땅속으로 들어갔다고 했으므로 '움직이면서'가 알맞습니다.

1 (1) 물건을 쪼개거나 나누는 것을 '가르기'라고 합니다.
(2) 따로 있는 것을 한데 합치는 것을 '모으기'라고 합니다.
(3) 어떤 수에 다른 수를 더하는 것으로 +로 나타내는 것을 '더하기'라고 합니다.
(4) 어떤 수에 다른 수를 더하는 셈식을 '덧셈식'이라고 합니다.

2 (1) 무당벌레를 세는 말은 '마리'입니다.
(2) 어린이를 세는 말은 '명'입니다.

3 '1＋3＝4'는 "1과 3의 합은 4이다."라고 읽습니다.

4 ❶ 어떤 수에서 다른 수를 빼는 셈식을 '뺄셈식'이라고 합니다.
❷ 다 쓰지 않아서 나머지가 있게 되는 것은 '남다'의 뜻입니다.
❸ 어떤 수에서 다른 수를 빼는 것으로 －로 나타내는 것을 '빼기'라고 합니다.
❹ 달려 있거나 붙어 있는 것을 잡아서 떨어지게 하는 것은 '따다'의 뜻입니다.

5 호랑나비에 비하여 노랑나비가 많이 있다는 말이므로 '더'가 알맞습니다.

6 '7－3＝4'는 "7 빼기 3은 4와 같다." 또는 "7과 3의 차는 4이다."와 같이 읽습니다.

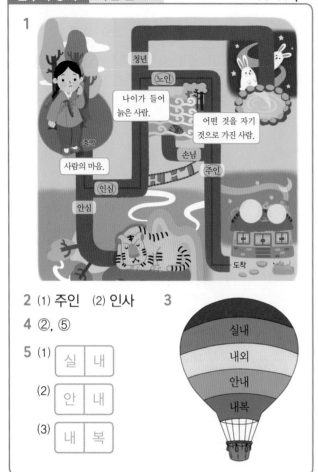

2 (1) 주인 (2) 인사 **3**

4 ②, ⑤

5 (1) 실 내
     (2) 안 내
     (3) 내 복

실내 / 내외 / 안내 / 내복

1 (1) 도와주다 (2) 어울리다 (3) 곧다

2 만나다   **3** 움직이다   **4** ④, ⑤

5 사이좋게   **6** ②

7 할아버지, 삼촌   **8** ②

9 (3) ○   **10** ㉡   **11** ㉠

12 ㉢   **13** 명   **14** 인사

15 차이

1 사람의 마음은 '인심'의 뜻입니다. 나이가 들어 늙은 사람은 '노인'의 뜻입니다. 어떤 것을 자기 것으로 가진 사람은 '주인'의 뜻입니다.

2 (1) 교실 바닥에 떨어진 연필이 짝의 것이었다는 말이므로 '주인'이 알맞습니다.
(2) "학교에 다녀오겠습니다!"라는 말과 어울리는 낱말은 '인사'입니다.

3 방이나 건물 등의 안은 '실내'의 뜻입니다. 어떤 곳의 안쪽과 바깥쪽은 '내외'의 뜻입니다. 남에게 어떤 것을 알려 주는 것은 '안내'의 뜻입니다. 겨울철에 추위를 막기 위해 겉옷 속에 입는 옷은 '내복'의 뜻입니다.

4 '내외'와 '안팎'은 둘 다 어떤 곳의 안쪽과 바깥쪽을 뜻합니다.

5 (1) 더워서 창문을 열었다고 했으므로 '실내'가 알맞습니다.
(2) 입학식을 시작한다는 방송이 나왔다고 했으므로 '안내'가 알맞습니다.
(3) 겨울에 입으시라고 할머니께 선물했다고 했으므로 '내복'이 알맞습니다.

2 '헤어지다'는 모여 있던 사람들이 따로따로 흩어진다는 뜻입니다.

3 '멈추다'는 하던 일이나 움직임을 하지 않는다는 뜻입니다.

4 '빼기'와 '차', '더하기'와 '합', '주변'과 '주위'는 뜻이 비슷한 말입니다. '이기다'와 '지다', '좋아하다'와 '싫어하다'는 뜻이 반대되는 말입니다.

5 '정답다'는 따뜻한 정이 있다는 뜻이므로 '사이좋게'와 바꾸어 쓸 수 있습니다.

6 '돌다리'는 '돌'과 '다리'가 합해져서 만들어진 낱말입니다.

7 '할아버지', '삼촌'은 '친척'에 포함되는 낱말입니다.

8 빈칸에는 '사람'을 뜻하는 글자인 '인'이 들어가야 합니다.

9 (1) 2와 3의 차가 아니라 '합'이 5입니다.
(2) 자음자 'ㅃ'의 이름은 '쌍기역'이 아니라 '쌍비읍'입니다.
(3) '산'은 자음자 'ㅅ', 모음자 'ㅏ', 받침 'ㄴ'으로 이루어진 낱말입니다.

10 백화점 둘레가 교통이 복잡하다는 말이므로 '주변'이 알맞습니다.

11 생일 선물을 받아서 좋았다고 느낌을 말한 것이므로 '기분'이 알맞습니다.

12 신발들을 정돈했다고 했으므로 '가지런히'가 알맞습니다.

13 우리 반 학생 수를 세는 말은 '명'입니다.

14 집에 손님이 오셨을 때에는 사람이 만나거나 헤어질 때 예를 갖추기 위해 하는 말이나 행동인 '인사'를 해야 합니다.

15 글자 '사'와 '산'이 어떻게 다른지 말해 보라는 말이므로 '차이'가 알맞습니다.

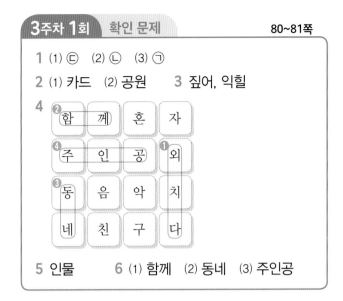

1 (1) ㉢　(2) ㉡　(3) ㉠

2 (1) 카드　(2) 공원　　3 짚어, 익힐

4

②함	께	혼	자
④주	인	공	①외
③동	음	악	치
네	친	구	다

5 인물　　6 (1) 함께　(2) 동네　(3) 주인공

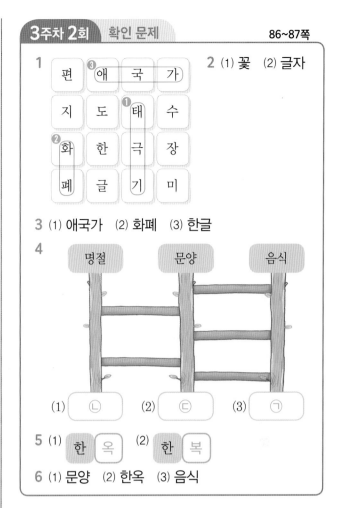

1
편	③애	국	가
지	도	①태	수
②화	한	극	장
폐	글	기	미

2 (1) 꽃　(2) 글자

3 (1) 애국가　(2) 화폐　(3) 한글

4
명절　　문양　　음식

(1) ㉡　(2) ㉢　(3) ㉠

5 (1) 한 옥　(2) 한 복

6 (1) 문양　(2) 한옥　(3) 음식

---

1 '몸'은 사람이나 동물의 모습을 이루는 머리부터 발까지의 모두를 뜻합니다. '짚다'는 여럿 가운데 어떤 것을 꼭 집어 가리킨다는 뜻입니다. '익히다'는 잘할 수 있도록 배운다는 뜻입니다.

2 (1) 여자아이가 가지고 있는 것은 글자가 적힌 '카드'입니다.
(2) 남자아이가 강아지를 데리고 산책하는 곳은 '공원'입니다.

3 선생님께서 손가락으로 글자를 꼭 집어 가리켰다는 말이므로 '짚어'가 알맞습니다. 글자를 열심히 배우겠다는 말이므로 '익힐'이 알맞습니다.

4 ❶ 소리를 크게 지르는 것은 '외치다'의 뜻입니다.
❷ '여럿이서 한꺼번에 같이'는 '함께'의 뜻입니다.
❸ 사람들이 생활하는 여러 집이 모여 있는 곳은 '동네'의 뜻입니다.
❹ 연극, 영화, 이야기 등에서 중심이 되는 인물은 '주인공'의 뜻입니다.

5 '흥부', '콩쥐', '백설 공주', '미운 아기 오리'와 같이 이야기에 나오는 사람이나 동물을 '인물'이라고 합니다. 따라서 ▨ 안의 낱말을 모두 포함하는 말은 '인물'입니다.

6 (1) 형과 한 침대에서 잔다고 했으므로 알맞은 낱말은 '함께'입니다.
(2) 아주 큰 서점이 있다고 했으므로 알맞은 낱말은 '동네'입니다.
(3) 「강아지똥」 이야기에서 중심이 되는 인물은 강아지똥이므로 알맞은 낱말은 '주인공'입니다.

1 ❶ 우리나라의 국기를 '태극기'라고 합니다.
❷ 물건값으로 주고받는 종이나 쇠붙이로 만든 돈을 '화폐'라고 합니다.
❸ '나라를 사랑하는 노래'라는 뜻으로, 우리나라를 대표하는 노래를 '애국가'라고 합니다.

3 (1) 나라를 사랑하는 마음으로 불렀다고 했으므로 '애국가'가 알맞습니다.
(2) 만 원짜리에 세종 대왕이 그려져 있다고 했으므로 '화폐'가 알맞습니다.
(3) 'ㄱ, ㄴ, ㄷ …, ㅏ, ㅑ, ㅓ…'는 한글의 자음자와 모음자이므로 '한글'이 알맞습니다.

4 '명절'은 설이나 추석처럼 해마다 일정하게 지키면서 즐기거나 기념하는 날을 뜻합니다. '문양'은 물건을 꾸미려고 겉에 그리거나 새겨 넣은 모양을 뜻합니다. '음식'은 사람들이 먹거나 마실 수 있게 만든 것을 뜻합니다.

6 (1) 한복에 새겨져 있다고 했으므로 '문양'이 알맞습니다.
(2) 흙, 돌, 나무로 지었다고 했으므로 '한옥'이 알맞습니다.
(3) 불고기는 우리나라 '음식'입니다.

3주차

1 (1) 반대　(2) 인정

2 (1) ㉢　(2) ㉠

3 (1) 인사말　(2) 생각

4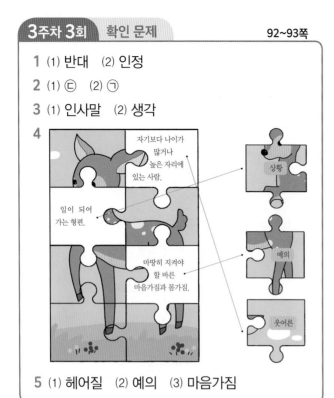

5 (1) 헤어질　(2) 예의　(3) 마음가짐

1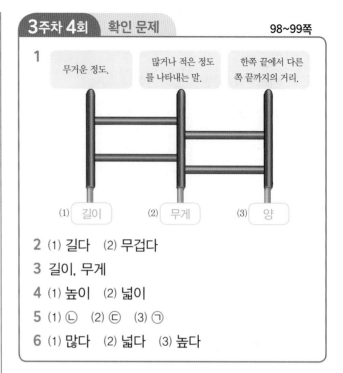

(1) 길이　(2) 무게　(3) 양

2 (1) 길다　(2) 무겁다

3 길이, 무게

4 (1) 높이　(2) 넓이

5 (1) ㉡　(2) ㉢　(3) ㉠

6 (1) 많다　(2) 넓다　(3) 높다

---

1 자기가 마주 대하는 사람은 '상대'의 뜻이고, 태도나 행동이 친절하고 따뜻한 것은 '다정하다'의 뜻입니다. 보고 싶던 사람을 만나서 마음이 즐겁고 기쁜 것은 '반갑다'의 뜻이고, 사람이 만나거나 헤어질 때 예를 갖추기 위해 하는 말은 '인사말'의 뜻입니다. 따라서 🥕에는 '대', 🍕에는 '정', 🍩에는 '반', 🍦에는 '인'이 들어갑니다.

2 (1) 친구와 부딪쳤을 때에는 "미안해."라는 사과의 인사말을 합니다.
(2) 친구가 상을 받았을 때에는 "축하해."라는 인사말을 합니다.

3 (1) "안녕!"과 어울리는 말은 '인사말'입니다.
(2) 친구와 더 가까워졌다는 것은 느낌을 말한 것이므로 '생각'이 알맞습니다.

4 자기보다 나이가 많거나 높은 자리에 있는 사람은 '웃어른'의 뜻입니다. 일이 되어 가는 형편은 '상황'의 뜻입니다. 마땅히 지켜야 할 바른 마음가짐과 몸가짐은 '예의'의 뜻입니다.

5 (1) "잘 가."라는 인사말은 '헤어질' 때 합니다.
(2) 인사할 때 지켜야 할 것은 '예의'입니다.
(3) '공손한'과 어울리는 말은 '마음가짐'입니다.

1 무거운 정도는 '무게'의 뜻입니다. 많거나 적은 정도를 나타내는 말은 '양'의 뜻입니다. 한쪽 끝에서 다른 쪽 끝까지의 거리는 '길이'의 뜻입니다.

2 (1) 보라색 선은 초록색 선보다 한쪽 끝에서 다른 쪽 끝까지의 거리가 더 멀기 때문에 '길다'라는 낱말이 알맞습니다.
(2) 수박은 참외보다 무게가 더 많이 나가기 때문에 '무겁다'라는 낱말이 알맞습니다.

3 '자'와 어울리는 낱말은 '길이'이고, '저울'과 어울리는 낱말은 '무게'입니다.

4 (1) 맨 밑에서 꼭대기까지의 거리를 '높이'라고 합니다.
(2) 어떤 장소나 물건이 차지하는 공간의 넓은 정도를 '넓이'라고 합니다.

5 (1) '많다'와 뜻이 반대되는 낱말은 '적다'입니다.
(2) '넓다'와 뜻이 반대되는 낱말은 '좁다'입니다.
(3) '높다'와 뜻이 반대되는 낱말은 '낮다'입니다.

6 (1) 물병에 담긴 물의 양을 비교하였을 때 ❷번 물병의 물이 더 많습니다.
(2) 칠판의 넓이를 비교하였을 때 ❶번 칠판의 넓이가 더 넓습니다.
(3) 건물의 높이를 비교하였을 때 ❷번 건물의 높이가 가장 높습니다.

1

2

3 남매

4 (1)

❶입	국
구	

(2)

출	❷입
	수

5 ㉢

6 (1)

출	입

(2)

입	구

(3)

입	수

2 '남아'는 남자아이를 말합니다. 그림에서 안경 쓴 남자아이를 찾아봅니다.

3 오빠와 여동생을 가리키는 말은 '남매'입니다.

4 (1) 나라 안으로 들어가는 것은 '입국'의 뜻이고, 안으로 들어가는 문이나 길은 '입구'의 뜻입니다.
(2) 들어가거나 나오는 것은 '출입'의 뜻이고, 손에 들어오는 것은 '입수'의 뜻입니다.

5 그림에서 집 안으로 들어가는 문은 ㉢이므로 '입구'는 ㉢입니다. ㉠은 지붕, ㉡은 창문입니다.

6 (1) 건물에 들어가거나 나올 수 없다는 말이므로 '출입'이 알맞습니다.
(2) 골목길로 들어가는 길이 좁다는 말이므로 '입구'가 알맞습니다.
(3) 경찰관이 새로운 정보를 손에 넣었다는 말이므로 '입수'가 알맞습니다.

1 (1) ㉢ (2) ㉠ (3) ㉡   **2** 크게
3 흩어지다   **4** 짧다   **5** 적다
6 ②   **7** ③   **8** 몸
9 음식   **10** ①   **11** (2) ○
12 예의   **13** 익혔다   **14** 입구
15 외쳤다

4 물체의 한쪽 끝에서 다른 쪽 끝까지의 거리가 멀다는 뜻의 '길다'와 뜻이 반대되는 말은 '짧다'입니다.

5 수나 양이 기준보다 더 있다는 뜻의 '많다'와 뜻이 반대되는 말은 '적다'입니다.

6 사람들이 생활하는 여러 집이 모여 있는 곳을 뜻하는 '동네'와 뜻이 비슷한 말은 '마을'입니다.

7 아래에서 위까지의 거리가 멀다는 뜻의 '높다'와 뜻이 반대되는 말은 '낮다'입니다. 나머지는 모두 뜻이 비슷한 낱말입니다.

8 '머리', '손', '다리'를 모두 포함하는 낱말은 사람이나 동물의 모습을 이루는 머리부터 발까지의 모두를 뜻하는 '몸'입니다.

9 '삼계탕', '김치', '비빔밥'을 모두 포함하는 낱말은 사람들이 먹거나 마실 수 있게 만든 것을 뜻하는 '음식'입니다.

10 빈칸에는 '남자' 또는 '아들'을 뜻하는 글자인 '남'이 들어가야 합니다. '남녀'는 남자와 여자를 뜻하고, '장남'은 아들 가운데 맨 먼저 태어난 아들을 뜻합니다.

11 (1) 바구니를 혼자 못 드는 까닭은 '가벼워서'가 아니라 '무거워서'일 것입니다.
(2) 명절에 입는 옷은 '한복'이 맞습니다.
(3) '넓어'와 어울리는 말은 '무게'가 아니라 '넓이'입니다.

12 할머니께 바르게 인사했다고 했으므로 바른 마음가짐과 몸가짐을 뜻하는 '예의'가 알맞습니다.

13 동영상을 보면서 춤 동작을 배웠다는 말이므로 '익혔다'가 알맞습니다.

14 미술관에 한참 만에 들어간 것은 들어가는 문인 '입구'를 못 찾았기 때문입니다.

15 "살려 주세요!"라고 말하는 상황이므로 소리를 크게 질렀다는 뜻을 지닌 '외쳤다'가 알맞습니다.

1

2 (1) **떠올랐다**   (2) **또박또박**   (3) **띄어 읽기**

3

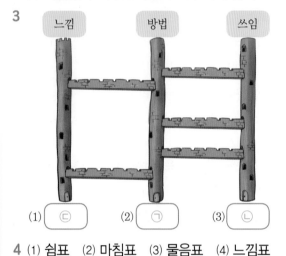

(1) ㉢   (2) ㉠   (3) ㉡

4 (1) **쉼표**   (2) **마침표**   (3) **물음표**   (4) **느낌표**

5 (1) ×   (2) ○   (3) ○

1

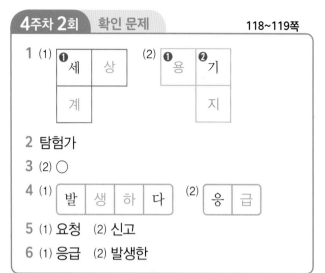

2 탐험가

3 (2) ○

4 (1)

발	생	하	다

(2)

응	급

5 (1) **요청**   (2) **신고**

6 (1) **응급**   (2) **발생한**

---

2 (1) 학교에서도 엄마 생각이 났다는 것이므로 '떠올랐다'가 알맞습니다.

(2) 글씨를 잘 썼다고 했으므로 '또박또박'이 알맞습니다.

(3) 문장의 뜻을 정확하게 알려면 문장을 알맞게 '띄어 읽기'를 해야 합니다.

3 '느낌'은 몸이나 마음에서 일어나는 기분이나 감정을 뜻합니다. '방법'은 어떤 일을 해 나가는 수단이나 방식을 뜻합니다. '쓰임'은 쓰이는 일. 또는 쓰이는 곳을 뜻합니다.

4 (1) 쉼표입니다. (2) 마침표입니다.

(3) 물음표입니다. (4) 느낌표입니다.

5 (1) '짝꿍'은 학교 등에서 짝을 이루는 사람을 뜻하므로 친구들에게 나누어 준다는 표현은 알맞지 않습니다.

---

1 (1) 사람이 살고 있는 모든 사회는 '세상'의 뜻이고, '세상'과 뜻이 비슷한 말은 '세계'입니다.

(2) 겁이 없는 씩씩하고 굳센 마음은 '용기'의 뜻이고, 군대나 탐험대 등이 머물면서 활동할 수 있게 시설을 갖춘 장소는 '기지'의 뜻입니다.

2 위험을 무릅쓰고 어떤 곳을 찾아가서 자세히 살펴보고 조사하는 사람을 '탐험가'라고 합니다.

3 (1) 놀이기구를 타지 못하는 것은 '용기'가 많아서가 아니라 '겁'이 많기 때문입니다.

4 (1) 어떤 일이 일어난다는 것은 '발생하다'의 뜻입니다.

(2) 급한 상황을 넘기려고 먼저 처리하는 것은 '응급'의 뜻입니다.

5 (1) "도와주세요!"라고 부탁하는 상황이므로 '요청'이 알맞습니다.

(2) 119에 어떤 사실을 알리는 상황이므로 '신고'가 알맞습니다.

6 (1) 의사가 급히 환자를 치료해 주었다는 말이므로 '응급'이 알맞습니다.

(2) 구급차가 달려간 곳은 교통사고가 일어난 곳이므로 '발생한'이 알맞습니다.

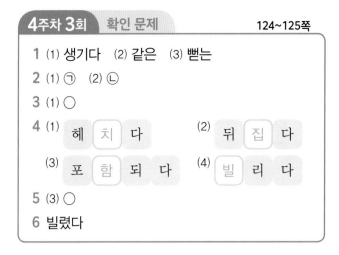

1 (1) 생기다   (2) 같은   (3) 뻗는

2 (1) ㉠   (2) ㉡

3 (1) ○

4 (1)

헤	치	다

(2)

뒤	집	다

(3)

포	함	되	다

(4)

빌	리	다

5 (3) ○

6 빌렸다

1 (1) ㉡   (2) ㉠   (3) ㉢

2

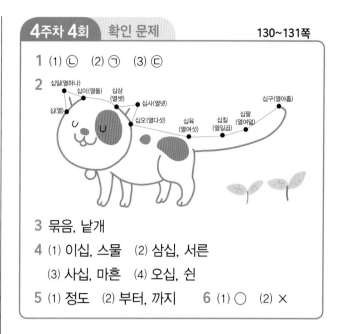

3 묶음, 낱개

4 (1) 이십, 스물   (2) 삼십, 서른

   (3) 사십, 마흔   (4) 오십, 쉰

5 (1) 정도   (2) 부터, 까지   **6** (1) ○   (2) ×

---

1 (1) '일어나다'는 어떤 일이 생긴다는 뜻입니다.

(2) '쌍받침'은 서로 같은 두 개의 자음자가 겹쳐서 된 받침을 뜻합니다.

(3) '기지개'는 피곤할 때에 몸을 쭉 펴고 팔다리를 뻗는 일을 뜻합니다.

2 (1) '형이'는 '누가'에 해당하는 말입니다.

(2) '잠을'은 '무엇을'에 해당하는 말입니다.

3 (1) '닦다'는 서로 같은 두 개의 자음자가 겹쳐서 된 받침이 쓰였으므로 '쌍받침'이 들어 있다는 표현은 알맞습니다.

(2) 웃을 때마다 양 볼에 생기는 것은 '기지개'가 아니라 '보조개'입니다.

4 (1) 앞을 가로막는 것을 뚫고 지나가는 것은 '헤치다'의 뜻입니다.

(2) 위가 밑으로 되고 밑이 위로 되게 하는 것은 '뒤집다'의 뜻입니다.

(3) 어떤 테두리에 함께 들어가거나 함께 넣어지는 것은 '포함되다'의 뜻입니다.

(4) 물건이나 돈 등을 나중에 돌려주기로 하고 얼마 동안 쓰는 것은 '빌리다'의 뜻입니다.

5 놀라서 눈이 휘둥그레진 표정을 짓고 있는 친구는 (3)입니다.

6 빈칸에는 물건이나 돈 등을 나중에 돌려주기로 하고 얼마 동안 쓴다는 뜻을 지닌 '빌렸다'가 들어갈 낱말로 알맞습니다.

1 (1) '십'은 구에 일을 더한 수로, 10이라고 씁니다.

(2) '묶음'은 한데 모아서 묶어 놓은 덩어리를 말합니다.

(3) '낱개'는 여럿 가운데 떨어져 있는 한 개 한 개를 말합니다.

2 10은 '십' 또는 '열', 11은 '십일' 또는 '열하나', 12는 '십이' 또는 '열둘', 13은 '십삼' 또는 '열셋', 14는 '십사' 또는 '열넷'이라고 읽습니다. 15는 '십오' 또는 '열다섯', 16은 '십육' 또는 '열여섯', 17은 '십칠' 또는 '열일곱', 18은 '십팔' 또는 '열여덟', 19는 '십구' 또는 '열아홉'이라고 읽습니다.

3 10개씩 묶인 것을 '묶음'이라고 합니다. 한 개 한 개 따로 떨어져 있는 것을 '낱개'라고 합니다.

4 (1) 20은 '이십' 또는 '스물'이라고 읽습니다.

(2) 30은 '삼십' 또는 '서른'이라고 읽습니다.

(3) 40은 '사십' 또는 '마흔'이라고 읽습니다.

(4) 50은 '오십' 또는 '쉰'이라고 읽습니다.

5 (1) 개미집에 개미가 50마리와 비슷하게 있다는 말이므로 '정도'가 알맞습니다.

(2) 15와 20이라는 수를 순서대로 말하라는 것이므로 15 뒤에는 '부터'가, 20 뒤에는 '까지'가 알맞습니다.

6 (1) 옥수수는 20개가 있습니다.

(2) 가지는 '마흔' 개가 아니라 '서른' 개 있습니다.

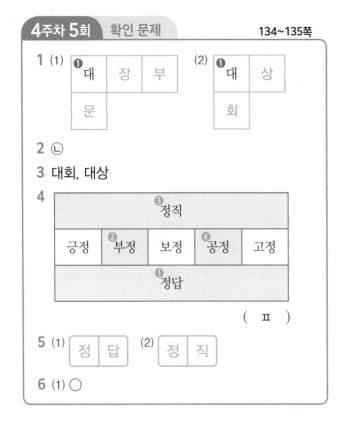

1 (1)

대	장	부
문		

(2)

대	상
	회

2 ㉡

3 대회, 대상

4

③ 정직				
긍정	② 부정	보정	④ 공정	고정
① 정답				

(ㅍ)

5 (1)

정	답

(2)

정	직

6 (1) ○

---

1 (1) 튼튼하고 씩씩한 남자는 '대장부', 주로 집의 앞쪽에 있어 사람들이 드나드는 큰 문은 '대문'의 뜻입니다.
(2) 여러 가지 상 가운데 가장 큰 상은 '대상', 여럿이 모여서 실력이나 솜씨를 겨루는 큰 행사는 '대회'의 뜻입니다.

2 주로 집의 앞쪽에 있어 사람들이 드나드는 큰 문인 대문은 ㉡입니다. ㉠과 ㉢은 창문입니다.

3 피아노 연주와 어울리는 말은 '대회'이고, 받아서 행복한 것과 어울리는 말은 '대상'입니다.

4 ①은 '정답', ②는 '부정'의 뜻입니다. ③은 '정직', ④는 '공정'의 뜻입니다. 따라서 네 낱말이 있는 칸을 색칠하면 자음자 'ㅍ'이 나옵니다.

5 (1) 문제를 맞혔다는 말이므로 '정답'이 알맞습니다.
(2) 거짓말을 하지 않겠다는 뜻이므로 '정직'이 알맞습니다.

6 (1) 운동 경기를 할 때에는 바르지 않은 방법을 쓰면 안 되므로, '부정'이 알맞게 쓰였습니다.
(2) 어느 한쪽으로 치우치지 않는 바른 경기를 치러야 하므로, '부정'이 아니라 '공정'이 쓰여야 합니다.

---

1 일어나다	**2** 상상하다	**3** 부탁하다
4 눈	**5** ④	**6** ②
7 문장 부호	**8** ②	**9** (3) ○
10 탐험	**11** 까닭	**12** 느낌
13 ㉡	**14** ㉢	**15** ㉠

1 어떤 일이 생기는 것은 '일어나다'의 뜻입니다.

2 실제로 없거나 보이지 않는 것을 머릿속에 떠올리는 것은 '상상하다'의 뜻입니다.

4 '휘둥그레'는 놀라거나 두려워서 눈이 크고 둥그렇게 되는 모양을 뜻합니다.

5 맞는 답을 뜻하는 '정답'과 틀린 답을 뜻하는 '오답'은 뜻이 서로 반대되는 말입니다. 나머지는 모두 뜻이 비슷한 낱말입니다.

6 '헤치다'는 앞을 가로막는 것을 뚫고 지나간다는 뜻이므로, '뚫다'와 바꾸어 쓸 수 있습니다.

7 '쉼표', '마침표', '물음표', '느낌표'를 모두 포함하는 낱말은 문장에 찍는 부호인 '문장 부호'입니다.

8 빈칸에는 '크다'를 뜻하는 글자인 '대'가 들어가야 합니다. '대상'은 여러 가지 상 가운데 가장 큰 상을, '대문'은 주로 집의 앞쪽에 있어 사람들이 드나드는 큰 문을 뜻합니다.

9 (1) 강아지가 병이 다 나았으므로 몹시 위험하고 급하다는 뜻을 가진 '위급해'라는 표현은 맞지 않습니다.
(2) '없다'는 서로 같은 두 개의 자음자가 겹쳐서 된 받침이 쓰이지 않았으므로 '쌍받침'이 들어 있다는 표현은 맞지 않습니다.

10 우주선을 타고 떠난다는 표현이 있으므로 '탐험'이 알맞습니다.

11 친구가 왜 화를 내는지 그 이유나 사정을 알고 싶다는 말이므로 '까닭'이 알맞습니다.

12 '행복하다는'과 어울리는 말은 '느낌'입니다.

13 책을 또렷하고 분명하게 읽었다는 뜻이므로 '또박또박'이 알맞습니다.

14 집에 도둑이 든 것을 경찰서에 알리는 것이므로 '신고'가 알맞습니다.

15 '학교까지'라는 말이 나오므로 '우리 집' 뒤에는 '부터'가 알맞습니다.

EBS

초등

어휘가
문해력
이!다

정답과 해설

3주차에서 학습한 어휘를 잘 알고 있는지 ☑ 해 보고,
잘 모르는 어휘는 해당 쪽으로 가서 다시 한번 확인해 보세요.

국어

우리나라

국어

수학

한자

4주차

어휘 학습 점검

초등 1학년 1학기

4주차에서 학습한 어휘를 잘 알고 있는지 ☑ 해 보고,
잘 모르는 어휘는 해당 쪽으로 가서 다시 한번 확인해 보세요.

1회 끝! 붙임딱지
 2회 끝! 붙임딱지
 3회 끝! 붙임딱지
 4회 끝! 붙임딱지
 5회 끝! 붙임딱지

🦊 회마다 학습을 끝내고 붙임딱지를 골라 본문 토끼 그림에 붙여 보세요!

스스로 문제를 다 풀어서
자신감이 생겼어요.

참 잘했어요!   훌륭해요!

문제를 해결하려고
최선을 다했어요.

뿌듯해요!   칭찬해요!

틀린 문제가 많아도
어휘 공부가 재미있어요.

신나요!   잘할 수 있어요!

참 잘했어요! (×10)

훌륭해요! (×10)

뿌듯해요! (×10)

칭찬해요! (×10)

신나요! (×10)

잘할 수 있어요! (×10)

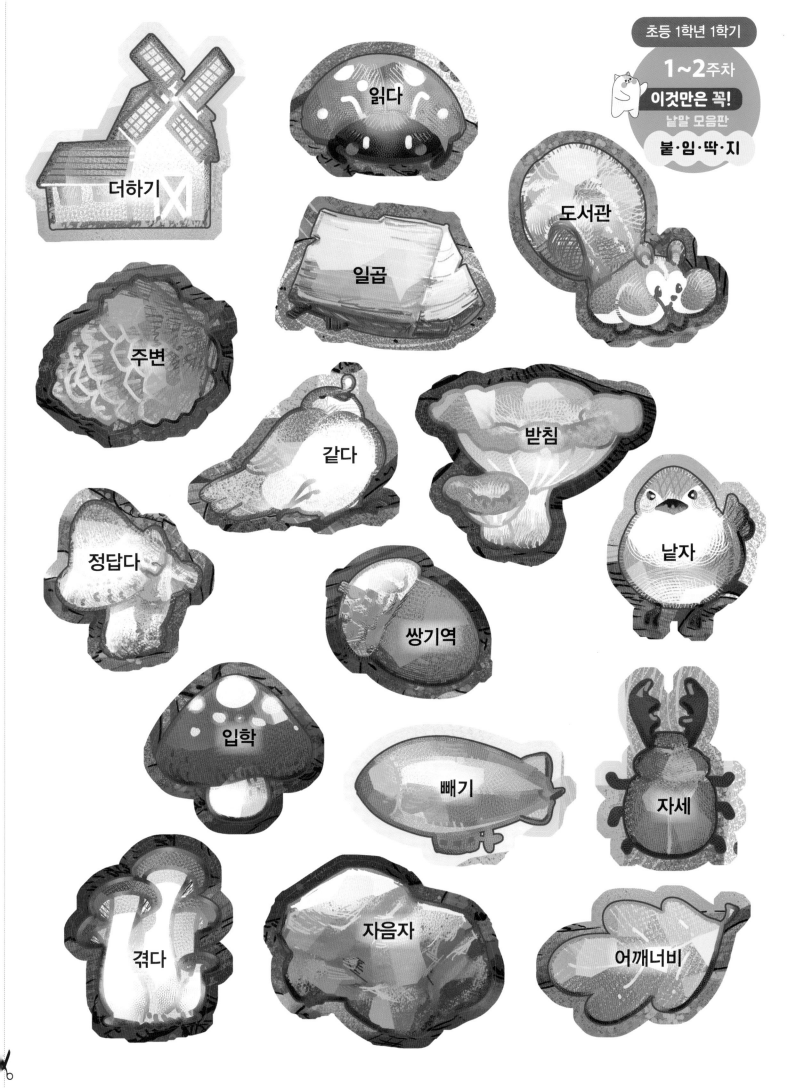

더하기

읽다

도서관

일곱

주변

같다

받침

정답다

낱자

쌍기역

입학

빼기

자세

겪다

자음자

어깨너비

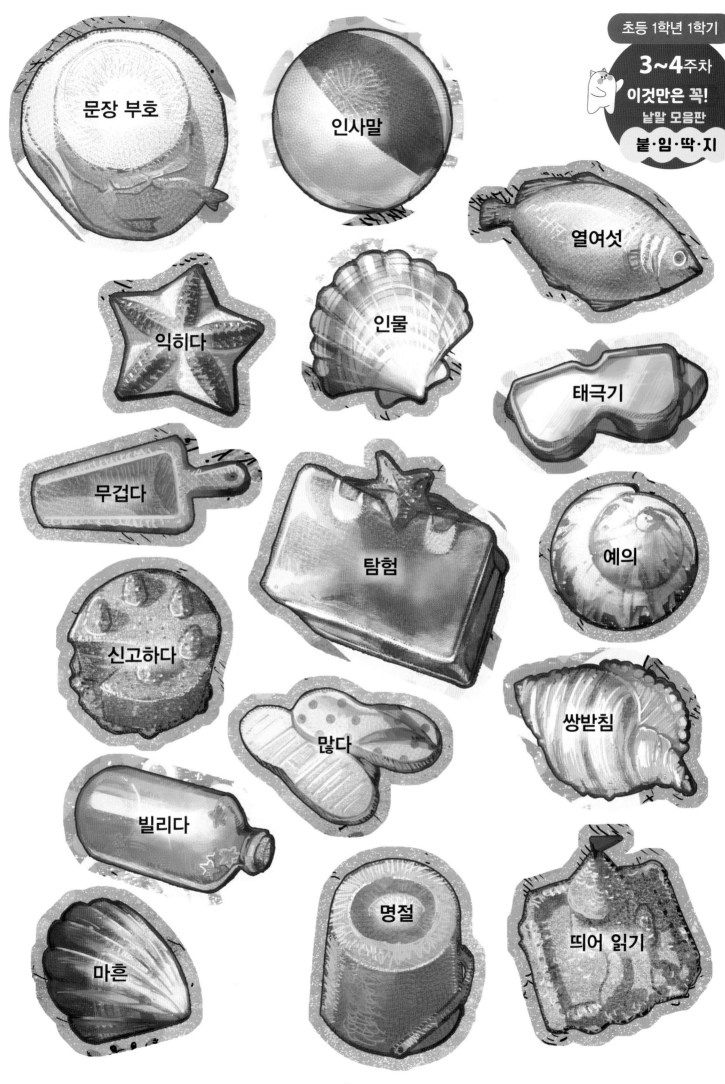

문장 부호

인사말

열여섯

익히다

인물

태극기

무겁다

탐험

예의

신고하다

많다

쌍받침

빌리다

마흔

명절

띄어 읽기

초등 1학년 1학기

1~2주차
이것만은 꼭!
낱·말·뜻·모·음·판

뜻에 알맞은 낱말
붙임딱지를 붙여
숲을 꾸며
보세요.

서로 다르지 않다.

어떤 수에 다른 수를
더하는 것으로 +로
나타냄.

하나, 둘, 셋, 넷, 다섯,
여섯, (　　), 여덟, 아홉.

양쪽의 두 어깨
사이의 거리.

책과 자료를
모아 두고 사람들이
볼 수 있게 시설을
갖춘 곳.

어떤 일을
당하거나
치르다.

어떤 것에서
가까운 둘레.

글자를 쓸 때
글자 아래쪽에
받쳐 쓰는 자음자.

어떤 수에서 다른 수를 빼는
것으로 −로 나타냄.

말소리를
이루는 하나하나의
글자.

자음자 'ㄲ'의 이름.

따뜻한 정이
있다.

몸을
움직이는
모양.

글이나 글자를 보고
소리 내어 말로
나타내다.

학생이 되어 공부하기
위해 학교에 들어감.

ㄱ, ㄴ, ㄷ, ㄹ, ㅁ, ㅂ, ㅅ,
ㅇ, ㅈ, ㅊ, ㅋ, ㅌ, ㅍ, ㅎ과
같은 모양의 글자.

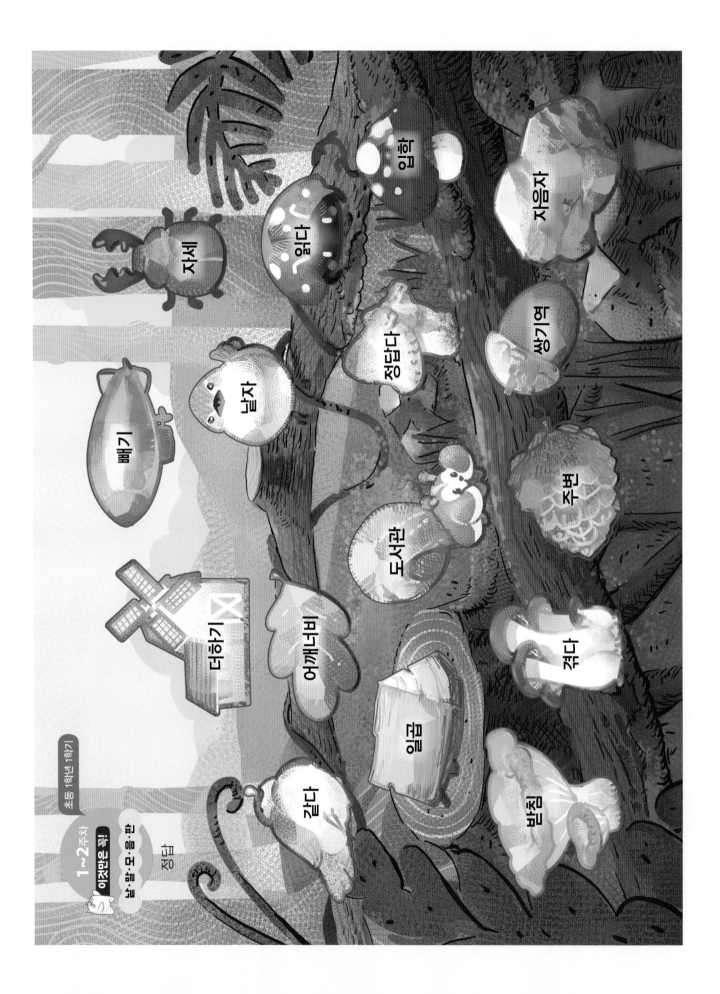

3~4주차 이것만은 꼭!

낱·말·오·용·판

못에 얼굴을 닐달 불을 막지를 불여 비닷기를 꾸며 보세요.

사람이 만나거나 헤어질 때 예를 갖추기 위해 하는 말.

물건이나 돈 등을 나중에 돌려주기로 하고 얼마 동안 쓰다.

이야기에 나오는 사람이나 동물.

서로 같은 두 개의 지금자가 겹쳐서 된 받침.

마땅히 지켜야 할 바른 마음가짐과 몸가짐.

낱말과 낱말, 문장과 문장 사이에서 잠시 쉬어 있는 것.

설이나 추석처럼 해마다 일정하게 지키면서 즐기거나 기념하는 날.

경찰서나 소방서 같은 공공 기관에 어떠한 사실을 알리다.

무게가 많이 나가다.

쉼표(,), 마침표(.), 물음표(?), 느낌표(!)처럼 문장에 찍는 부호.

알려지지 않은 곳을 위험을 무릅쓰고 찾아가서 살펴보고 조사하는 것.

우리나라의 국기.

잘할 수 있도록 배우다.

열, 열하나, 열둘, 열셋, 열넷, 열다섯, ( ), 열일곱, 열여덟, 열아홉.

수나 양이 기준보다 더 있다.

스물, 서른, ( ), 쉰.